小孩事不小

Ms Yu 著

目錄

前言   8

Chapter 01

「老師，你為甚麼要做老師？」

1.1	誓言	12
1.2	開學日	20
1.3	一兆倍聰明	23
1.4	蘋果樹	26
1.5	曼谷的夕陽	28
1.6	早餐	30
1.7	人工智能	32
1.8	雲上的蛋	35
1.9	不知道	37
1.10	多多指教	40

Chapter 02

「我們應該選擇甚麼？」

2.1 森林裡的小兔　44

2.2 小小小小鳥　47

2.3 美人魚的願望　50

2.4 消失的樂器　53

2.5 蜜蜂來了　56

2.6 鱷魚的微笑　59

2.7 天堂與地獄　61

2.8 兩隻木偶　63

2.9 菠蘿腸仔　66

2.10 一支花　68

2.11 光與影　71

2.12 兩隻豺狼　73

2.13 固執的人　76

2.14 放下與執著　78

Chapter 03

「搞砸了，怎麼辦？」

3.1 白紙與鉛筆　81

3.2 獨角獸　84

3.3 動物列隊　87

3.4 鳥與烏　90

3.5 搓手液倒翻了　93

3.6 雪糕融掉了　95

3.7 紅　100

3.8 玫瑰花園　102

3.9 透明復活蛋　104

Chapter 04

「大人為甚麼常常不快樂？」

4.1	愛哭的婆婆	108
4.2	步行器	111
4.3	意大利人的生存之道	113
4.4	安妮・法蘭克	116
4.5	一百萬個明天	119
4.6	螢火蟲	121
4.7	仙人畫家	124
4.8	堆石塔	126
4.9	保暖包	129
4.10	平凡裡的震撼	131
4.11	大日子	134
4.12	音樂節	136

Chapter 05

「究竟愛是甚麼？」

5.1	小島上的畫家	140
5.2	如果愛	143
5.3	永遠的長度	145
5.4	優秀的園藝師	147
5.5	兩顆水珠	150
5.6	小紙條	153
5.7	半溶的拖肥糖	155
5.8	廁紙一角	157
5.9	瑞士媽媽的家教	159
5.10	迷路了	161
5.11	菠蘿叉燒包	164
5.12	洗茶杯	166
5.13	一碗藍莓	168
5.14	高人姐姐	170
5.15	樹下的小提琴手	172
5.16	牛仔	174
5.17	公主雨傘	176

Chapter 06

「這樣算不算厲害？」

6.1　跳出熒幕　　179

6.2　輪椅　　181

6.3　藝術談　　183

6.4　倉鼠與月亮　　186

6.5　麻雀　　189

6.6　修理員　　192

6.7　的士司機　　195

6.8　承諾　　197

6.9　高音譜號　　200

6.10　再來一次　　203

6.11　櫻花樹　　205

6.12　討論失敗大會　　208

6.13　不稱身的短褲　　211

6.14　烏克麗麗小結他　　214

Chapter 07

「唏，你還好嗎？」

7.1　拆彈　　217

7.2　浮板　　220

7.3　猴子鯊魚魔術師　　223

7.4　機械臂　　225

7.5　飛天擦膠　　228

7.6　玩具消防車　　231

7.7　黑麥麵包　　233

7.8　戲院里的破鞋　　235

7.9　讓座不讓座　　237

附錄　　241

後記　　254

前言

許多時候，大人都不明白孩子到底在說甚麼、想甚麼。弱弱的聲音闖不進大世界，通常一下子就被打發掉。

於是孩子便將各式各樣的問號儲起，深信終有一天會找到答案，屆時便可以像大人一樣厲害，為自己、為別人、為世界排難解憂。

終於等到長大了，驚覺事情發展完全不似預期。當上大人並沒有當初想像般了不起，找到答案的速度，遠遠追不上問題衍生的速度。所以我們依然天天在問：答案到底在哪裡？

教育哲學家 Rudolf Steiner 曾經說：

Where is the book in which the teacher can read about what teaching is? The children themselves are this book.

從教育到人生，誰都渴望有這樣一本裝滿答案的預言書，讓肯讀的人頓然開竅、不再困惑。

可幸的是，這本「書」不單確實存在，還觸手可及。Steiner 的意思是，只要願意閱讀孩子，我們自然明白何謂教育。

真的呢！孩子其實並不難懂，他們所思所想，就迴盪在上課時的吱吱喳喳之中、深藏在小息時的悄悄話裡，也展露在他們喜怒哀樂時的眉梢之間。只要認真看、仔細聽，我們可能還會遇上那份一直擁有卻被閒置了的智慧。

延伸一想，人生或許也不難懂，當我們願意細讀生活，說不定會在意想不到之處，找到出乎意料的答案。

走到 2021 年，又是一個問題激增、答案不明的年頭，人們被各樣事情壓得喘不過氣，每天都好像有點甚麼在指縫間溜走，一切都不在自己掌握之中，面對大事時的無力感使我們手足無措。

所以希望出版一本小書，將日常裡的一些小事情、小角色和小東西記下。雖然微不足道，但尺寸卻剛剛好，只要肯放在掌心，平凡如你我的人也容易抓得住。抓緊這些細細碎碎的片段，人才能找回那份還活著的踏實。

我們的心實在很小，根本承受不起眼前的所有大事。

我們的心其實很大，所以才容得下日常的無數小事。

要先設法將心填滿，人才能繼續好好走，再出發尋找心目中的答案。

Ms Yu

二零二一年五月廿七日

Chapter 01

「老師，你為甚麼要做老師？」

1.1 | 誓言

行醫的人都讀過 *Hippocratic Oath*，這份醫師誓詞的內容道出何謂醫者的專業道德。現代版本裡其中一句令我印象特別深刻：

I will remember that there is art to medicine as well as science, and that warmth, sympathy, and understanding may outweigh the surgeon's knife or the chemist's drug.

所謂藝術其實近在咫尺，就連最依賴科學依據的醫學，也找到藝術的棲息地。

說到職業誓詞，教育界也有以哲學家命名的誓詞（如 Socrates 與 Comenius），內容卻不及醫師誓詞般語重深長。反而有一封爸爸寫給孩子老師的信，我每年開學前都會唸幾遍。這封信普遍被認為出自前美國總統林肯手筆，但其真正出處依然眾說紛紜。

無論如何，這也是一封值得父母與師長細讀的信，單單第一段便明白這位爸爸對教育的極高期望。

It is an adventure that might take him across continents.

All adventures that probably include wars,
tragedy and sorrow.
To live this life will require faith, love and courage.

（這是一場能帶他走遍全球的歷險；
一場包括戰爭、悲劇與哀愁的歷險。
所以活著實在需要信念、愛與勇氣。）

信中沒有一隻字提到任何學科，這位爸爸沒有希望兒子學好語文、數學、藝術、歷史、地理，因為他明白教育最深的期望根本不在於個別科目。

事實上，當我們將每個科目一層層剝開，教學的目標根本是同一個模樣的；不同的學科好比不同的視覺，卻不約而同地給予學生一個認識世界、思考人生與學習生活的理由。

雖然學科將知識過度簡單地分門別類，但知識畢竟是工具，就像醫生的手術刀、畫家的畫具、運動員的球鞋⋯⋯我們憑著這些可以被數據化的知識，便能換取一個或多個維持生計的身份，這無疑對生活十分重要。不過專業誓詞提醒我們，人生就如每個專業，除了是一門充滿計算的科學，更是一門需要將心比心的藝術。

能夠將那些看不見、觸不到、算不清的微妙感覺記住，來日

才有力量將生計化成生活的一部分，承擔得起生命的重量。

世界很吵，希望我們都不被即時新聞淹沒，能花點時間思考教育裡一些基本事。

A Father's Letter to Son's Teacher

He will have to learn, I know,
That all men are not just, all men are not true.
But teach him also that for every scoundrel there is a hero;
That for every selfish politician, there is a dedicated leader.

Teach him for every enemy there is a friend.

Teach him that a dollar earn is of more value than five found.
Teach him to learn lose and to enjoy winning.

Steer him away from envy,
if you can, teach him the secret of quiet laughter.

Let him learn early that the bullies are the easiest to lick.

Teach him if you can, the wonder of books,

But also give him quiet time to ponder the eternal mystery of
birds in the sky, bees in the sun,
and the flowers on a green hillside.

In the school teach him
It is far more honorable to fail than to cheat.

Teach him to have faith in his own ideas,
Even if everyone tells him they are wrong.

Teach him to be gentle with gentle people,
And tough with the tough.

Try to give my son the strength not to follow the crowd
when everyone is getting on the band wagon.

Teach him to listen to all men but teach him also to filter
all he hears on a screen of truth,
And take only the good that comes through.

Teach him if you can,
How to laugh when he is sad.

Teach him there is no shame in tears.
Teach him to scoff at cynics
And to beware of too much sweetness.

Teach him to sell his brawn and brain to the highest bidders,
but never to put a price-tag on his heart and soul.

Teach him to close his ears to a howling mob
And to stand and fight if he thinks he's right.

Treat him gently but do not cuddle him,
Because only the test of fires make fine steel.

Let him have the courage to be impatient.
Let him have the patience to be brave.
Teach him always to have sublime faith in himself,
Because then he will have sublime faith in mankind.

This is a big order,
But see what you can do
He is such a fine fellow,
My son!

《一位爸爸致兒子老師的信》

（中譯本來自互聯網）

他要學懂，不是所有人都正直公義，不是所有人都誠實。

但請教導他也學懂，每當有無賴出現的時候就會有英雄；那裡有自私自利的政客，就會有鞠躬盡瘁的領袖。

請教導他每當有敵人出現，就必定有朋友。需要一點時間，我知道；但如果可能的話，教導他自己掙回來的一塊錢要遠遠比拾到的五塊有價值得多。

教導他學會失敗，且要享受勝利。引領他遠離嫉妒，如果可能的話，教導他暗中竊笑的秘密。讓他早一點學懂，恃強凌弱者不堪一擊。

教導他，如果可能的話，書本的奧妙，但要留給他安靜的時刻，去思索空中飛鳥、陽光中的蜜蜂和綠野山間的花朵的永恒玄妙。

在學校裡教導他，失敗遠比作弊來得光榮。教導他縱使眾人都指他錯誤，要對自己的主見有信心，教導他要對溫文者溫文，對強硬者強硬。

嘗試給予小兒力量，好使他在眾人都攀緣跟風時，有不跟隨群眾的勇氣。

教導他要聆聽眾人的話，但亦教導他要以真理的濾網來辨別所聽所聞，只摘取經過濾網的美善。

教導他，怎樣在憂傷中歡笑，教導他淚水不是羞恥。

教導他要不齒於犬儒，且提防過分的溫馨甜蜜。

教導他一己的體力與腦筋要高價而沽，卻永不可為真心與靈魂標上價目。

教導他要為咆哮的群眾而關掉耳朵，且在自信正確之時要站起來作戰。

溫柔的對待他，但請不要摟抱他，因為只有經過火的精鍊才能鑄出好鋼。讓他有勇氣去顯出不耐煩；讓他有耐性去顯出勇氣。

教導他常要對自己有高尚的信念，因為他將要常常對人類有高尚的信念。

這是個艱難的訓令，且看看閣下可以做點甚麼。小兒就是，這樣一個好小子！

1.2 | 開學日

開學日，最期待的活動是在第一個小息時段探望不同年級的
學生。經過一個暑假，我們都長大了。

四年前的一年級，不經不覺已成為小學部的大哥哥、大姐
姐，經過他們的班房時，開始感到一股青春期的氣息。孩子
們見到我，感覺有點生疏，幸好並未完全把我忘掉，還是會
一本正經地點點頭，禮貌地喊我的名字。

三年前的一年級，稚氣仍在。看見這位小一老師前來探訪，
顯得有點靦覥，不敢獨自上前攀談，於是找朋友作伴。幾位
女孩子手拉著手走到我面前，親切地問好，再跟我談天說
地。看見當年在課室裡想半天才能說出半句話的孩子，現在
能自信交談，心裡分外高興。這時幾個男孩子橫衝直撞地跑
過，還差點撞到我，當他們發現了我，就快樂地喚了一聲。
在我還未來得及說出那句老師小息專用台詞「小心點，不要
亂跑」之際，他們又像一陣風般跑走了。

走到三年級的課室，孩子一見到我就熱情地揮手，有幾位同
學特意拿著零食跟我分享。我們談起暑假，他們一口氣說了
很多事情。我要像兩年前般提醒他們，老師只有一雙耳朵，
不能一下子聽進所有話。我這麼一說，他們立即安靜下來，

通通把手舉起，等我喊他們的名字，場面有點滑稽。

要學會何時說話、何時聆聽，真是不簡單呢！

探訪二年級的孩子前，先要深深吸一口氣，準備好心情才能承受得起他們一擁而上的熱情招呼：「Ms YUUUUUUUUUUUU~~~~~MsYUmsyuMsyUMsssssYuuuu~~~MSYU~~~~~MsYuMsYu!!!MsYu!MsYuMsyuuuuuuuuuu!!MsYuMsyuMsYuuuuuuuuuuMsYu!!!!!! Ms Yu!!!」

到他們終於平靜下來，我才問：「你們好嗎？暑假玩得開心嗎？」

然後十幾位二年級孩子七嘴八舌、興奮地向我報告各種事情。

「Ms Yu，我可以在小提琴上拉 *Over the Rainbow* 了！」

「Ms Yu，我暑假去了東京迪士尼！」

「Ms Yu，我試過一天做一百下掌上壓呢！」

「Ms Yu，可以幫我把這包薯片打開嗎？我開不到。」

我接過那包薯片，開懷地笑了。孩子的說話從來都是如此真

摯直接，不用客套虛偽的包裝，就能經營出那種一切猶像昨天的感覺。

趁上課鐘聲還未響起，我特意經過一年級的課室，看看新來的孩子。我對他們微笑，他們則好奇地望著我，默不作聲，心裡一定在想：「這是誰？」

雖然老師也不知道你們是誰，但似乎已經預見你們一年後、兩年後、三年後，甚至十年後依然閃閃發亮的樣子了！

1.3 | 一兆倍聰明

有次下課前，一位現正就讀高中的學生走進課室找我，替校務處傳話。

坐在書桌前的一年級看著這位個子高高的大哥哥，均露出嘖嘖稱奇的樣子，開始竊竊私語。到大哥哥離開後，最擅長將小事化大的孩子終於忍不住發表意見。

「哇～～～他真的超高！」

「我的天啊！！！他比 Ms Yu 高很多呢！」

「Ms Yu，你知道他比你高嗎？」

「哈哈，當然知道。他明顯比我高很多。不過老師記得很多年前，他還坐在你們正坐著的小椅子呢！現在卻長大了！」待他們發表完畢，我便一次過回應。

每次重遇那些年的一年級生，心裡都覺得暖暖的。

「那你覺得他現在比你聰明嗎？」孩子都喜歡將身形與智慧掛鉤。

「不知道，但我當然希望如此！」我快樂地說。

「吓？甚麼？你怎麼會希望別人比自己聰明？」最愛比較的孩子不明白。

「因為我是個老師啊！當然希望所有學生長大後都會比自己聰明！」我告訴大家這個老師的誠心所願。

「意思是比你聰明十倍嗎？」

「那是最低限度吧？」我笑著說。

「那一百倍呢？」

「那我會十分高興。」

「我長大後可能會比你聰明一兆倍呢！」

「那實在太好了！」

孩子每次説到這種天文數字，都會格外興奮。全班聽到我希望有人比自己聰明一兆倍，一起大叫了一聲，話題又在嘻笑中結束了。

看著一張張笑眯眯的臉蛋，再想起剛才那位大男孩，真想告

訴他們，除了聰明，老師在何時何地，都希望每位學生無論在哪方面都會比自己強大、比自己活得好。

其實豈止老師，每位相信未來的人都已經許下相同的願望了。

1.4 | 蘋果樹

跟舊同事飯聚，談到教育的前景，各人都顯得憂心忡忡。有人擔心教學的空間縮窄、有人擔心校方需要改變教學方針、有人擔心夾在家長與學校之間的角色，會愈來愈難演，但談得最多的，還是學生的前景與未來。

我沒有發表甚麼，只靜靜聆聽各位老師的分享，聽著聽著，便想起一個故事。

====================

從前有一個農夫，擁有一棵蘋果樹，他每天都渴望看到果樹結果，可惜事與願違，枝頭一直光禿禿的。

冬天來了，農夫努力施肥耕種，可是蘋果樹還是弱弱的樣子。

等了又等，就連春天都快要過去了，樹上依然不見果實的蹤影。一怒之下，農夫打算明早就乾脆將樹砍掉。

豈料晚上刮起一陣怪風，將海洋的濕氣吹到農田。第二天早上，整片陸地被厚厚的濃霧包圍。拿著斧頭的農夫，連眼前

的路也看不清楚，於是便折返回家。

再隔天早上，霧散了。農夫歡天喜地跑出來告訴大家：

「看！我家的蘋果樹終於長出一個小小的蘋果啊！真是個奇蹟呢！」

====================

老師也像農夫，心願就是如此簡單。雖然也有想放棄的時候，但每每看見那些旁人眼中毫不起眼的小成就，還是會傻傻地為孩子喝彩，因為我們記得他們是如何掙扎過來的。

在因材施教的過程中，遇上的難處真的很多。有時碰上寒冬，被冰封的孩子們凍傷；有時走進一個不結果的春天，只有十分耕耘、零分收穫的感覺；有時外來的一陣霧又會帶來伸手不見五指的恐懼。

不過說到底，其實沒有甚麼好怕的。選擇一生承教，打從開始就不是要為自己建立事業，而是想去成就人業。既然願望是孩子能一點一點地明白人生，便先要承受得起人生裡那份悲大於喜的重量。

氣餒的感覺過後，吸一口氣，不用渴望奇蹟，只要繼續深耕細作，即使身處在濃霧裡，樹苗還是會好好成長。

1.5 曼谷的夕陽

在匈牙利留學那年，除了結識來自意大利的「美食黨」，還有來自泰國的Joe。現在他於曼谷的大學任教。當年他專攻合唱指揮，我則鑽研教學法，重疊的課堂不多，但晚上大夥兒在大廳寒暄時總會碰面。可能因為同是來自亞洲，我跟他漸漸熟絡起來。

時光匆匆，霎眼又變成老朋友了。

每次到曼谷旅遊，我都會約Joe吃一頓飯，談談彼此近況，他常掛在嘴邊的一句是「泰國是東南亞的國家裡面，少有未被殖民統治過的國家呢！」從言談間得知，他對泰國的傳統文化十分驕傲。

不消一會，我們的話題就會扯到教育與音樂上；每次都會談到的，是如何在西洋音樂主導的教育文化裡找突破，讓學生更了解本地與世界音樂。當年我們走出去，就是因為這個緣故——世界文化之深，沒有高低之分；音樂世界之大，沒有何處不可。

二零一九年春天，我到曼谷，Joe帶我到一間半露天的餐廳，他說那裡可以看到全曼谷最漂亮的夕陽。我們一邊喝著泰式

奶茶，一邊談教育談夢想。他分享了一篇將要出版的論文，我告訴他我希望寫一本書。

那天坐在夕陽旁邊，一切依舊無限好。

然後我們身處的地方都好像出現了突變似的。從此，除了音樂與教育，我們還分擔著一份看著自己的學生面對欺壓的憂心。我跟 Joe 說，他們這樣走出去，便有一個非去不可的因由，就如我們當天一樣。

當老師的，別無他求，只願他們平安歸來，依然有夢。

1.6 | 早餐

曾經攻讀一個教育課程，內容以學術討論與研究為主，其中一位教授專門研究低收入國家的教育質素，研究項目主要在非洲的貧窮國家。

在撒哈拉以南其中一個國家裡的一條貧窮村落，兒童入學率低於 50%。教授與團隊的目標是找出辦法去提高就學率，經過多月的觀察與採訪，他們終於提出了一個方案。實施後，村落孩子的就學率在一年內大大提升。

教授要我們猜猜，到底那是個怎樣的方案。

班上的二十多位同學都是有經驗的教職員，很容易便投入討論，紛紛提出不同的答案，甚麼優質教育政策啦、校本管理啦、專業師資培訓啦……各位都用盡專業名詞認真辯論，一廂情願地以為自己在提供富有邏輯的推測。

同學發言完畢，教授笑了一笑，走到白板前，將答案寫在上面：

BREAKFAST

提高就學率的措施，原來是為適齡學童提供早餐。此舉不單

提升了學童的專注力與學習動機，還紓緩了許多低收入家庭的壓力。

知道答案後，大家都顯得有點尷尬。

教授要我們領悟的，當然不是早餐的重要性，而是希望我們看到自己的盲點。

坐在冷氣房內，討論如何改善教育，是一件多麼容易的事情，只要用上無數專業名詞與數據分析，便能令自己的發言要多精彩有多精彩。可是教育是一種實業，要改善質素，一定要先往微小處看，由下而上抽絲剝繭，才能對症下藥。

那些從上壓下來的政策，縱然聽起來冠冕堂皇，實質的作用往往有限。

前線教育工作好比愚公移山，感覺徒勞無功，但靠一點一點的累積，即使在最壞的時刻，也能扎實地前進。

1.7 | 人工智能

上課時有孩子提起商場內的清潔機械人。

「老師逛商場時,很怕遇上那種機械人,它們總是好像要撞過來似的。」我煩惱地説。

孩子見我皺起眉頭,便紛紛為我獻計。

「你可以快速跑開啊!」

「不用擔心!因為機械人有感應器,走到你面前自然會轉開。」

「你可以試試跟在機械人後面,它便不會撞到你。」

他們議論紛紛,令我想到人類與人工智能的關係。教育一直的基本目標,是預備孩子長大後投入社會。以前的社會,一向由人與人之間的互動構成,但過去十多年,人工智能的發展迅速,功能愈來愈重要,似乎已經變成社會裡不可或缺的一部分。這一代孩子長大後,需要面對的,除了人與人之間的互動,還有人工智能對未來世界的衝擊。

人與人工智能之間其實跟所有人際關係一樣，暗存一種角力。起初我們或許對駕馭關係胸有成竹，發展至彼此適應後便能做到互補不足，但只要一失平衡，就可能造成過度依賴，在不知不覺間被對方支配了。

而人工智能正在削弱人類在地球上的功能，已經是不爭事實。所以當思考現代教育，我們總會問：學校教授的所謂知識，到底是否可以為孩子預備面對未來的挑戰？

雖然已有的知識會過時，但依然十分重要，因為新的知識靠推翻舊知識而生。

不過既然教育的其中一個目標是為未來裝備，現代教育就不能只偏重於培養一班站在已有知識上說「I know」與「I knew」的新一代。如果下一代孩子習慣說的是「I'll know」，未來應該會不一樣。就像一句經典的電影對白：「Imagine what you'll know tomorrow。」（*Men in Black*. 1997）

明天會發生甚麼，是一個未知。憑想像力，人類便可以窺探未來、未雨綢繆。人工智能或許可以靠著大數據去算出一個預設，但暫時來說，人類的想像力還未能被完全複製。

在教學的時候，「鼓勵想像」需要額外的勇氣，因為感覺往

往十分空泛，但卻可以在「過去式」與「現在式」主導的教育框架裡面，提供一塊「未來式」的拼圖，學習方算完整。

希望新一代的師長，都能夠有一種為未來而教育的志向。

想像過、預測過，將來便會變得沒那麼可怕。

1.8 | 雲上_{的蛋}

因為新冠病毒的出現，各國需要實施社交隔離措施。人們停學、停工，待在家中的時間是前所未有的多，讓大家能夠騰出時間去做一些平時沒空做的事情。

我弄了一份「雲上的蛋」，做法比炒蛋繁複十倍：先要將蛋白打至挺身，放在牛油紙上焗幾分鐘，雲的部分做好，便要將生雞蛋黃小心輕放在那朵雲上，又再焗幾分鐘。

製成品甚為美觀，味道卻十分一般。總算還了個心願，要不是因為社交距離滯留家中，我也未必會有閒情去烹飪。

在社交平台上，也看到朋友的分享。

有人說終於有時間坐下，將皮鞋逐雙刷亮，感覺滿足。也有人說花了一星期將長輩遺下的發黃舊照片逐張拍照存檔，再發給親戚們，讓大家有一個話當年的機會。

孩子告訴我，因為疫情，洗手的時間延長了，在將肥皂泡洗掉前，都會先在指頭間吹一輪泡泡，這已變成一種新嗜好。

嗜好真是一種平淡的事情，不為別人而做，也不為獲獎而做；

不是特別喜歡，卻又不介意花點時間去做；就是一些無傷大雅的小事情，但從中卻不知怎地能找到一種特別的滿足感。

很多人都說，下一代要面對的其中一項最大挑戰，是人類的功能會因為被科技迅速取締，而變得愈來愈不重要。

大數據太強，大家都要透過討好數據去刷存在感，卻忽略了人類暫時還比數據優勝的地方，就是一些發自內心、關乎人性的東西。科技可以輕而易舉弄出一份「雲上的蛋」、將皮鞋刷亮、將舊照片分類或吹出各式肥皂泡，但從中獲得的滿足與樂趣，暫時還未能被計算得到。

所以每次看見孩子自發去做或自創一些無聊的玩意，只要是無傷大雅，我都少有阻止或干涉。因為相信，這世代看來一些沒價值的經歷與體驗，可能就是其中一把讓他們在未來世界找到存在價值的鎖匙。

1.9 | 不知道

This Old Man 與 *Ten in the Bed* 是兩首幼稚園孩子都愛唱的歌。每次唱完歌，我通常都會問孩子一些問題，為的是希望開始培養他們思考音樂的習慣。

「你較喜歡哪首歌？」這是最簡單直接令孩子思考的問題。

「不知道。」孩子心不在焉地說。

一向對學生的說話都十分包容，唯獨這句「不知道」，每次聽到我都會無名火起。

「甚麼叫不知道？我並不是問你如何造火箭，而是在問你的意見。只要是有思想、有用腦袋的人，都會知道自己的意願。難道你覺得選 *Ten in the Bed*，Ms Yu 會生氣嗎？」

「當然不會。」他開始意會到自己那句「不知道」其實有點可笑。

「對啊，你跟我的意見可能不同，所以不要害怕說出自己所想。」

所謂批判思維，要從這些細微的討論教起。

====================

教育是甚麼，我們可以用一萬字引經據典回答，但答案也可濃縮至兩個字：

選擇

教育下一代，並非旨在為社會提供一批勞動人口，因為那流水作業的工業年代早就完結了。未來的人口需要的，是創造力與跟人工智能共存的靈活性。

當家庭結構、性別認同等不久前還被視為理所當然的議題都不再有一致共識時，誰還會天真覺得世間竟然有任何題目會因為答案只有一個，所以不存在討論空間？

在教育裡，「討論」的意義通常都不是為了得出結論，而是讓學生從自身的觀點看到其他人的觀點。所謂的身份認同，正正是從這個愈辯愈明的過程中產生。然後他們長大後，便可以按過去大大小小的討論產生出來的新思維，去選擇做一個怎樣的人。

最後他們是擇善還是投惡，只不過是個結果，重點是，這個結果源自大家自身的選擇。

那些只懂阿諛諂媚的人卻不明白，以為用硬繃繃的姿態打壓，便能操控新一代的身份認同及價值觀。太天真了，因為教育的容貌早就改變，學校教育的地位已變得沒從前般重要，孩子現在從四面八方吸取知識的渠道，是我們這代人無從堵截的。

要取消一條題目、一張試卷甚至一個科目輕而易舉，但是萌芽中的良知、信念與普世價值觀，卻不會因為被關在籠內而停止滋長。

1.10 | 多多指教

正在讀中四的學生昨天跟我說：「老師，我想過了，決定不考聲樂文憑試。」

「哦，好。」雖然反應平淡，但心裡其實十分高興。

每位老師在上課前都會暗自許下不同願望。願望的類別因學生而異，有些比較務實，譬如「希望孩子會留心」；有些則虛無如「希望他會慢慢找到歌的感覺」。

至於這位女孩，四年級開始跟我唱，是典型乖乖女，每堂都能達到我的要求，考試比賽從不欺場，進度十分理想。不過每次下課，我總覺得缺了一點甚麼。

見面多了，終於發現問題所在。

問她「想考試嗎？」，她會答「沒所謂。」

問她「參加比賽嗎？」，她也答「沒所謂。」

問她「比較喜歡哪首歌？」，她說「不知道。」

要是我追問，她便會顯得不耐煩。有次她黑面説：「可以不再問嗎？我不知道，你替我選擇好了。」

她有她的堅持，我也有我的固執，以後還是繼續問。

大概她覺得這位老師極麻煩，直接説出要求不就好了？

她不明白的是，我的要求，是希望她對自己有要求。這是每位學藝的人在掌握基本功後，必需發掘的深度。畢竟能夠陪伴我們走完一生的，是藝術，不是老師。

這便是多年前我為這孩子許下的願望。

上年考完八級，算是達到一個里程碑，於是我請她決定是否繼續走考試那條路，我倒真的沒所謂，她沒有即時回答。

直到昨天，終於聽到旁人不以為然的那句回覆，簡直有種抗爭勝利的感覺。

學徒的路跟藝術家的路接軌，絕非必然的過程；事實上大部分人都在這個關口停滯甚至放棄，自此跟藝術絕緣。能夠認清自己的喜好和潛能，再替自己作主，是跨過去的第一步。

「不考試，會繼續學唱歌嗎？」我問。

「繼續。」她說得肯定。

「那有否想過希望學些甚麼?」我如常追問。

「想試唱些不同類型的音樂,多唱一點百老匯音樂劇曲目也不錯。」這次她有備而來。

好,就並肩展開新一場冒險吧!從此以後,你負責帶路,老師則從旁修正,請多多指教。

Chapter 02

「我們應該選擇甚麼？」

2.1 | 森林裡的小兔

跟一班三、四歲大的孩子進行角色扮演,一起前往森林探險。孩子一下子就入戲了,隨著音樂,一個跟一個在森林裡東張西望。

「孩子啊,可以分享一下你們在森林裡面看見些甚麼嗎?」我問大家。

「有樹!」

「有花!」

「我看見小鳥!」

「有小白兔!」

「嘩!森林好有趣!不如這樣,我們一起變成小白兔上山吧!」角色扮演最好玩的地方,就是可以按孩子的幻想,隨時變出不同的情節。

我正在彈奏著的旋律一下子變得跳脫,孩子立刻豎起手指放在頭上,都變成了小白兔快樂地蹦蹦亂跳。

「Ms Yu！我們不過在扮，其實沒有真的變成白兔，對嗎？」其中一隻小白兔邊喘著氣邊大聲問。

雖然感覺啼笑皆非，但既然他有疑慮，我忍著笑也得認真回答：

「對呢，只是在扮演，你們沒有變做真白兔。」

「不是真的！是假的！」另一隻小白兔大聲幫忙肯定一下。

這個年紀的孩子對真假似乎特別執著，真假與否，他們都喜歡大聲確認。記得《國王的新衣》嗎？大聲拆穿國王的愚昧那位，也是孩子。

人大了，為了演好被委派的角色，便開始人云亦云，即使面對眼前無比荒謬，也不再敢在人群中大聲說假。久而久之，發現活在謊言裡比拆穿謊言便利。

突然一天，問題雪崩式塌下，我們無力招架，原因就是我們當天沒有一個人站出來說聲「是假的」。

兒童的顧慮與成人的唏噓，也許都來自同一種害怕受騙的感覺，無論任何年紀，人們都依然對真與假十分在意。所以當一些向來無可置疑的真理價值，突然迅速地在指縫間流走的

時候，我們嘆息，我們不知所措。

在真與假變得模糊的時代，好像已經沒有甚麼好誇的事。面對一些身不由己的時刻，的確無奈。可幸的是我們仍未麻木，依然討厭被騙，繼續求真厭假。

德裔美籍作家 Charles Bukowski 說過一句話：「If you are losing your soul and you know it, then you've still got a soul left to lose.（如果你知道自己正在失去自己的靈魂，那起碼證明了你的靈魂還在。）」

真的，靈魂還在，才算為人吧。

2.2 | 小小小小鳥

十一歲的學生在上課前一晚給我發了一個訊息，說想學自彈自唱《我是一隻小小鳥》。學生的中文不好，所以需要多花一點時間給他解釋歌詞的意思。

「這個字怎樣讀？」

「棲。棲息的棲，意思是居住或停留。這裡解釋小鳥停留在樹枝上。請繼續唸。」

「……我棲上了枝頭……才成為……獵人的目標……甚麼意思？」

「意思是，小鳥找到可以停留的地方，就是樹上。但當獵人看見樹上小鳥在停留，便想一槍將牠射下來。」

「噢，真可憐……我飛上了青天……才發現自己無依無靠……青天是甚麼意思？」

「是天空的意思。小鳥為了躲避獵人追殺，就無可奈何地離開大樹，飛上天空。得到了自由，卻沒有家。」

「那太慘了！有自由就沒有家，有家就沒有自由嗎？難道不能兩者兼得嗎？」

「在這首歌詞的情況看來，應該不行。」

「其實小鳥可以找同伴聯手，將獵人嚇退！那就可以繼續住在樹上。」

「啊，那確是一個辦法。也可能已經試過了，但不成功。」

「不成功也得繼續試！如果成功了，以後飛來的小鳥便有地方可住。」

説得真好。只是有時候，拚了命也未能為當下帶來改變的時候，人們便要經歷一次二擇其一的無奈。

當根與翅膀兩者不能兼得，心裡面總有種解不開的鬱結。既然現實如此，離開的，就拼命飛翔；留下的，便拼命無恙。

但無論身在何地，都請繼續拼命，這是後來的小鳥對我們的期望，只希望來日他們能在棲息處找到一片青空。

2.3 | 美人魚的願望

有位七歲的小女孩跟我說起迪士尼的《小美人魚》，美人魚公主似乎擁有一切美好的東西，羨煞旁人，卻依然要在那首家傳戶曉的 *Part of your World* 裡高唱一句：

> *But who cares*？
> *No big deal*！
> *I want more*！

「美人魚甚麼都擁有，為甚麼還要更多？是貪心嗎？」孩子有點疑惑。

「啊，不如我們先看看她其實還想要些甚麼。」我提議再看看歌詞才下定論。

「更多的錢與玩具嗎？」

「不是呢。人魚公主因為看見陸地上的人類過著跟海裡截然不同的生活，覺得很羨慕，所以希望擁有一樣在海洋裡找不到的東西，你猜猜是甚麼。」

「唔……是防水電話套嗎？」孩子的念頭總是千奇百怪。

「不是啊，她想要一樣用錢買不到的東西，這東西只屬於陸地，你再猜猜吧！」

於是她繼續猜，「太陽」、「花」、「空氣」、「樹」等等都是很好的答案，可惜通通不是歌詞中提到的東西。於是我再給一點提示：

「應該這樣說，這東西只有住在陸地上的人類才擁有，不會在海裡住的任何生物身上找到。」

她低下頭，突然靈機一觸，就喊了句：「啊！是腳！」

「對呢！只要有一雙腿，就可以到沙灘曬太陽，也可以爬樹和四處跑。現在你明白為何人魚公主即使甚麼也擁有，卻依然最希望有一雙腿？」

「明白，因為有一雙腿就可以隨時隨地去想去的地方。」她笑著說。

「沒錯，那是自由自在的感覺。你說，希望可以自由自在，是貪心嗎？」

八歲未滿的孩子想了又想，最後只笑了一下，沒有回答。可能是因為問題太深了，也可能這個年紀的孩子都開始了解，

仰慕自由，其實並無不妥。

自由的模樣很模糊，不過一旦有幸跟它遇上，便會使人擦亮
眼睛，從此回不了頭。當有一天，孩子懂得為自由驕傲，也
會為自由憂心，便算得上是一個活得有價值的人了。

2.4 | 消失的樂器

學期將要結束，最後一堂音樂課，應該種些甚麼在小一孩子的心裡？

「孩子啊，老師很好奇，每當你們聽到『音樂』這兩個字，都會想到甚麼？」

「小提琴！我會拉小提琴！」一位男孩搶答。

「你彈鋼琴，我們唱歌！」平時班上唱得最大聲的孩子這樣說。

「一起跟著音樂拍手跳舞！」一位女孩拍著手回答。

「原來如此。那我想問一下，如果有一天世上所有樂器都消失了，還有音樂嗎？」我認真地問。

我見孩子們沉思了一會都似乎沒甚麼頭緒，便走到其中一張桌子上開始敲拍子，給他們一些提示。

「噢！我們可以用桌子奏樂！」終於有人靈機一觸。

「鉛筆和間尺也可以呢！」有孩子隨即敲起手裡的文具。

課室瞬間如菜市場般熱鬧，有人敲檯拍櫈、有人敲書櫃、有人蹲下來敲地板，也有人模仿同學將文具變成敲擊樂器。我就讓他們自得其樂一會，創作音樂的感覺，原本就應該這樣無拘無束。

「很好！其實只要我們找到可以發出聲音的東西，就能創作音樂呢！那我再問，如果有一天，連這些能敲能拍的東西，都通通在世上消失了。沒有桌子、沒有牆壁、沒有地板……甚麼都沒有，我們還能創作音樂嗎？」我再挑戰一下大家的腦袋。

「吓？你意思是我們浮在外太空嗎？」這是孩子的即時聯想。

「你可以這樣說。試想像，周邊甚麼都沒有了，還能找到聲音嗎？」

這次孩子沒想太久，我便聽到有人剔手指的聲音，然後有人開始拍手、拍大腿、用舌頭弄出嘀嗒聲……

「太好了！你們明白了！即使周圍可以奏樂的東西全部消失，我們還可以用我們的身體找到聲音、創作音樂呢！我們還……」

「我們還可以唱歌呢！」有孩子搶著說完我剛好要說的話。

「說得真好！我們的聲音也是與生俱來，是不會消失的樂器啊！」

然後我們一起唱了一首歌，雖然沒有伴奏，但孩子邊拍邊唱，一點也不覺得單調。

哪怕清風兩袖？哪怕孑然一身？即使外在的環境很艱難、很單調，只有人還在，才能體會何謂生命的價值。就算哀怒比喜樂多，記得自己活著就好。

2.5 | 蜜蜂來了

跟孩子角色扮演時走到大樹下，一起四處張望，我問大家見到些甚麼？

「有蘋果！」

「有樹葉！」

「有小鳥！」

能發表意見，孩子都顯得十分投入。你一言我一語之間，大家都恍如置身森林中。然後我往樹上一指，憂心地說：

「你們看！樹上好像有一個奇怪的東西，黑色的、像足球般大，你們說是甚麼呢？」

孩子皺著眉頭往上看，等我開估。

「原來是一個蜂巢啊！不好了！一隻、兩隻、三隻、四隻、五隻！五隻蜜蜂正在向我們飛過來。你們說怎辦？」我焦急地說。

「趕快逃跑吧！」有孩子提議。

「不好，我們一起打死那些蜜蜂吧！」旁邊的孩子也顯得很焦急。

「孩子啊，當我們見到蜜蜂的時候，不要亂跑，也不能用手拍打，因為這樣可能會惹怒蜜蜂，然後被螫傷呢！所以我們要保持鎮定。」我乘機說出遊戲重點來。

「鎮定是甚麼？」

「鎮定的意思是，不要亂跑，即使心裡其實很害怕，都不要亂動，也可以合上雙眼，靜待蜜蜂飛過。你能夠保持鎮定，蜜蜂就不會螫你。」

見他們明白了，我便突然拿出蜜蜂布偶向他們衝過去，喊著「蜜蜂來了！」

眼見蜜蜂來了，孩子大驚，迅速閉氣、合上雙眼等待蜜蜂飛過；較勇敢的孩子會微微張開一隻眼睛，看看蜜蜂到底飛到哪兒。雖然大家十分緊張，但眼看他們都能夠保持鎮定，我滿意地笑了。

直到蜜蜂飛走，大家鬆一口氣，然後吱吱喳喳要求多玩幾次。

雖然花的時間很多，我都樂意奉陪，因為孩子對抽象的概念理解有限，譬如「鎮定」、「冷靜」、「勇敢」，都不能紙上談兵去教育，必需靠經驗累積才學會。

一步一步深刻地學，他日遇上突發事情時，才可處變不驚、救人自救。

2.6 | 鱷魚的微笑

動畫《小飛俠》裡面有一首插曲歌名叫 *Never Smile at a Crocodile*，因為內容有別於一般兒歌，所以我很喜歡跟孩子分享。

> *Never smile at a crocodile*
> *No, you can't get friendly with a crocodile*
> *Don't be taken in by his welcome grin*
> *He's imagining how well you'd fit within his skin*

一次跟一位七歲的女孩子上課時唱這歌，她的哥哥則在旁邊玩耍。

「這首歌的意思是甚麼？」小女孩問。

「意思是，禮貌跟友善雖然很重要，不過有時候我們也需要學會保護自己。譬如當遇上一隻鱷魚，即使牠向你微笑，你會上前摸摸牠的頭嗎？」

「當然不會！牠可能會咬我！」

「正確。除了動物，人類之間也有這種情況。有人可能表面

上十分友善，但心裡面其實心懷不軌。」

「吓，其實他是一隻鬼嗎？」她不懂得「心懷不軌」的意思。

「心懷不軌不是鬼，意思是心裡面其實正在計畫一些不好的事情。表面在微笑，但心裡其實好壞，就像這首歌裡面的鱷魚一樣。」我嘗試比喻。

正在旁邊的哥哥抬頭，眼見妹妹看似還未明白，就大聲說了句：

「即是新聞裡面訪問那些大人啊！」

我頓時語塞，想不到原來現在的孩子會有這樣的感覺，這也難怪。十歲的孩子已經過了盲信的年紀。再者，當我們環顧四周，社會上確實充斥著出爾反爾、滿口謊言的人。他們以為能瞞天過海，但每天驕傲地戴著的，其實是一副連十歲孩子也拆得穿的面具。

2.7 | 天堂與地獄

談起作曲的時候，我告訴孩子由於古代沒有書寫工具，所以很多故事與歌曲都是靠口傳形式一代一代流傳。

「因此有一些歌曲，我們是沒法追查誰是作曲家。因為創作歌曲的那個人，一早已經逝去了。」我總結一句。

「逝去？甚麼叫逝去？去哪裡？」有孩子聽得一頭霧水。

「去天堂啊！」坐在另一組的女孩子代我作答。

「即是雲上面啊！」有位孩子補充。

「不一定去天堂，也可能是去地獄。」另一位孩子反駁。

「壞人才會去地獄。」再多一位孩子加入討論。

「他是個作曲家，怎會是壞人？」

「作曲家也可以是壞人呢！可能他白天是個賊，晚上才作曲！」

「白天哪有賊？應該是相反！他可能白天作曲、晚上偷東西

呢！」

班上的孩子哈哈大笑。雖說童言無忌，但也不忍那位不知名的作曲家被這樣誣衊，所以我終於插嘴了：

「這只是你們沒憑據的胡亂猜測吧！不過你說得有道理，職業不過是人的其中一個身份，一個人到底是好是壞，的確不能單憑他的職業去判斷呢！」我認真告訴他們。

「那逝去即是甚麼？」最初發問的這位孩子依然一臉茫然，我才驚覺大家完全離題了！正準備作答，卻被一位孩子搶先一步：「即是已經死了啊！」

真正的課室能讓孩子自然地談及生死、討論好壞、分享喜惡，站在天堂與地獄之間，能夠無所不談，感覺真好。

2.8 | 菠蘿腸仔

秋季旅行是垃圾食物放題的日子。無論走到哪裡,都會有孩子送上薯片、薄餅、朱古力等零食,至於自家製作的小吃中,菠蘿腸仔則長踞首位。無論走到哪一班,都總有孩子驕傲地告訴我如何製作菠蘿腸仔,再遞一件給我。

有一次遇上特別細心的孩子。

「Ms Yu,你要不要一件?」一位平時不多言的男孩特地走過來問我。

「好,謝謝。你有份弄嗎?」我看著當天吃的第七串菠蘿腸仔。

「有,我跟媽媽一起製作的。我教你如何吃。」他認真的說。

「啊,好,請告訴我。」難得他肯主動說話,我便靜下來聽他。

「你首先吃菠蘿,然後才吃腸仔。不要一併吃,因為口腔裝不下。」

「知道，謝謝提醒，我正打算整串放進口裡。」

「不要，會哽在喉嚨，很危險的。啊！還有，不要吃竹籤。」他用警告口吻說。

我忍著笑，認真表示明白了，然後珍而重之地將小吃放進口裡。孩子看我吃完，可能怕我會不小心連竹籤都吃掉，於是叫我將竹籤給他，說會替我丟掉。

看著他離開的背影，才記起在社會運動期間，某天在上課前讀到有年輕人喪命的消息，心裡十分悲傷，嘆一口氣，又深深吸一口氣，再掛起笑容，打起精神把課教完。自覺十分專業，但下課後這孩子手裡拿著一張紙巾走過來問：

「Ms Yu，你今天是否生病了？」

「不是啊，為甚麼這樣說？」

「我見你剛才在吸鼻水，還以為你傷風呢，這是給你的。」然後他若無其事地把紙巾遞給我。

回想起來，上課中途確實有幾個時刻，我需要不斷索鼻，方能控制住眼淚。天真地以為自己好專業，原來藏不住傷心，還是被發現了。

孩子就是這樣敏感，或許他們不說，但已經牢牢記住了一些
事情、一些感受。

兒時目擊的事情，的確會漸漸變得模糊，可是印在心裡的感
覺從不自欺，更會隨年月過去而愈壓愈深。

秒針在跳，時候到了，不要質疑他們為何會問一些莫名其妙
的問題、做出一些莫名其妙的事情。

因與果，分不開。

2.9 | 兩隻木偶

很喜歡一首叫 *Two Marionettes* 的歌，旋律跳脫，故事也發人深省。不同年紀的學生，會悟出不同的道理來。故事是這樣的：

從前有一位木偶大師，攜著一個木箱四處賣藝。木箱裡有兩隻木偶，一隻是小丑，一隻是公主。

小丑仰慕公主已久，終於一天按捺不住向公主表白：

「公主，我真心喜歡你，請跟我一起。」

公主一向不屑小丑一身寒酸的裝束，聽他這麼一說，便擺出一副厭惡的表情：

「我是公主。只有王子貴族才配得起我。你？憑甚麼？」

小丑黯然。

從此他倆在木箱裡各自各生活，再沒有對話。

直至一天，木偶大師打開木箱，拿出兩隻木偶，再將他倆的戲服脫下。他先把王子的衣飾穿在小丑身上，再替公主換上

女僕的戲服。新戲要上演了！

過了一會，女僕對王子說：「王子，我真心喜歡你，請跟我一起。」

王子上下打量女僕一下便說：「你？憑甚麼？」

讀小學的孩子會告訴我，故事教訓我們不能以貌取人。

曾經有中學生唱完，迅速用一句完美終結：「What goes around comes around」，我說中文裡面有一句說話叫「風水輪流轉」。

早已成年的我們，未知又有何領會呢？

2.10 | 一支花

一次唱遊，歌詞提到 Fourth of July。

「為甚麼是七月四日？」有孩子發現了。

「七月四日是美國的獨立日⋯⋯唔⋯⋯就如國慶的日子。」
我回應道。

「國慶是甚麼？」有孩子問。

回答的時候也感到這些字對小一來說太深奧了，於是換個角
度再嘗試解釋。

「啊，就好像生日吧！國慶就是慶祝一個國家誕生的日
子。」

「吓？但國家是一片土地啊！怎會出生？誰是媽媽？」孩子
顯得十分好奇。

「國慶通常是一個國家正式被命名的那一天，就像你出生那
天一樣。所有國家都有生日啊！」

「那國家也會死嗎？」總有孩子會想得很遠。

「如果你看歷史，國家的確有她們的生命周期啊，就像人一樣，會出生，也會死去。」我如實回答。

「吓？？國家也會死去？意思是那片土地會突然消失，然後我們通通掉進水裡嗎？啊～～救命啊！」想像力特強的孩子突然演得七情上面，引得全班發笑。

「哈哈，不是這個意思啦！」題目十分艱深，但也希望嘗試用淺易的方法說明，於是想到用一支花作比喻。

「孩子啊，花會死嗎？」

「當然會！」全班齊聲回答。

「那當一支花死去的時候，它會突然消失嗎？」

「哈哈，當然不會！又不是魔術！」他們以為我在說笑話。

「對呢。那支花會慢慢凋謝枯萎，然後慢慢被泥土吸收……」

「然後死去。」有位孩子說。

「說得沒錯，但是那支花也變成泥土的一部分，明年春天，可能又會變成一支新的花、一條小草或樹的一部分，譬如樹葉。」

「對對對！然後毛蟲會把樹葉吃掉，然後它又～～～死一次！哈哈哈。」剛才那位掉進水裡的孩子立即就想好劇本了，又引得哄堂大笑。

這回嬉笑其實證明他們已經意會到我要說的事情。

「就是這樣！現在大家明白沒有？生命總會繼續，不過有時會換個模樣出現。」我總結。

「嘩，那支花真厲害！」孩子總結。

生命的確很厲害。

只要肯在意，便會留意到它正在以不同形態呈現眼前。

一切興亡有時，至於如何興、何時亡，只有天知道。凡人嘛，能做的就是在手執一支花的時候，不要老是忙著管它的前世下世，而忘了欣賞它當下的美。

能悉心栽種掌心上的人、珍惜眼前的事，就是對生命最崇高的尊重了。

2.11 | 光與影

有次跟朋友行山，其中一位帶來了三歲的女兒。小女孩十分
好動，在山中蹦蹦跳跳，逗得大家很開心。太陽開始下山，
小女孩突然狂跑狂跳，還不斷大叫：「走開！走開！」起初
大人看得心裡有點發毛，因為完全看不出她正在趕走甚麼。

靜觀一會，大家才意會到她正在逃避鞋跟後那長長黑黑的東
西。

那大概是小女孩第一次遇上自己的影子。見她跑得慌張，爸
爸便將她抱起安慰，悄悄的在她耳邊細說太陽與影子的故
事。聽著聽著，女孩不哭了，卻繼續伏在爸爸的肩膊上靜靜
注視同行的人，確認原來所有人都拖著一道長長的影子後，
便重返地面。她拉著爸爸的手繼續走，不時往後望，對自己
的影子看得著迷。

回家重讀安徒生的《影子》，是屬於大人的故事繪本，也是
安徒生寫過最黑暗的一個故事。

故事很簡單，主角帶著影子旅行，影子卻擅自離開，決定過
自己的生活。一天影子回來，生活過得比主人好，於是開始
牽著主人走，主人最後變成了自己影子的影子。

這本書影響村上春樹至深，2016 年，他談到《影子》的寓意：
「就像每個人都有影子，所有的社會、國家也都有暗影。凡
事有明亮耀眼的那一面，就會有與其相應的、陰暗的側影。」

這年來，醒來有種被龐大影子濃罩著的感覺。現實是，影子
與生俱來，甩不掉也請不走，但如何也不能讓那陰影將原本
的自己淹沒。

就 如 美 國 詩 人 Walt Whitman 所 說：「Keep your face
always towards the sunshine, and shadows will fall behind
you.」

分清莊閒，便會記得有光才有影。

無論如何，繼續走，要讓陽光在前，影子在後。

2.12 | 兩隻豺狼

孩子調皮，不時會冒出一些怪念頭，未經過深思熟慮就做出一些令人費解的行為。記得有一次，我在說故事的時候，坐在我正前方的一位孩子無端拿出鉛筆，戳在鄰座孩子的手背上。鉛筆很鈍，被戳的孩子下意識搓了手背兩下，沒有投訴。但此舉當然不妥，於是我停下來問：

「請問你剛才在做甚麼？」

「我想做一個實驗，試試這支鉛筆會否戳痛別人。小息的時候他說不介意我戳他。」難得有人會這樣坦白。

「甚麼？怎可以這樣找別人當實驗品？幸好這支鉛筆很鈍，沒有弄痛同學。你下次要做實驗的話，戳自己手背試試就好。」我沒好氣地說。

人的行為十分複雜，孩子究竟是故意還是大意、有意還是無心、頑皮還是壞心腸，有時候很難說。所以每當我在課室裡遇上這些時刻，都會為孩子分享一個小故事。

===================

有一天，爺爺拖著小孫兒到公園散步。走到池塘邊，他們看見一列鴨子在水上滑行，好不寫意。誰知小孫兒拾起一塊小石頭，往鴨子群扔過去，鴨子大驚，立即四散。小孩子覺得場面很滑稽，哈哈大笑。

爺爺看在眼內，並沒有即時責備孫兒，只帶著他到池塘邊的木櫈坐下，跟他說起道理來：

「乖孫啊，爺爺告訴你一個秘密。自從我出生那天開始，心裡面就有兩隻豺狼在打架呢！一隻是壞豺狼，牠憤怒、貪心、妒忌、傲慢、懦弱；另一隻是好豺狼，牠友善、忠誠、慷慨、可靠。牠們一直以來都在不停搏鬥呢！」

「那最後哪隻贏？哪隻輸？」小孫兒好奇一問。

「你認為呢？」爺爺反問小孫兒。

「當然是較強壯的那隻會贏啦！」

「說得沒錯！那我們如何令牠們更強壯呢？」

「多吃東西就會強壯喇！」

「你明白了。乖孫啊，其實每個人的心裡都住了一隻壞豺

狼、一隻好豺狼，你願意多餵哪一隻，牠就會變得愈來愈強壯，夠力量去打敗另一隻。」

====================

人之初，本善也本惡。小小的差池看似無傷大雅，卻是讓孩子認識善惡的好時機。

善良與邪惡之爭，從來沒有一個預設的結果，善惡並不完全等於對錯，因為一個是我們作出選擇的原因，一個是選擇的結果。

願意悉心栽種，是誠心希望孩子長大後，可以在爾虞我詐的世途遇上醜惡的人性時，依然記起善良的模樣，不致被邪惡完全支配，還有可以選擇行善的自由。

2.13 | 固執的人

今天代課，重遇一年前還是一年級的學生。

按二年級的音樂老師指示，跟孩子唱了一首名為 *Green and White* 的歌，眼見孩子沒特別留意內容，便將歌詞換成故事跟他們說一遍：

從前有一個人，他從來只穿綠色的衣服；別人問他為甚麼，他說因為愛人是一名獵場看守人。

又有一個人，他從來只穿白色的衣服；別人問他為甚麼，他說因為愛人是位烘焙師。

接下來我們花了一些時間二次創作，將歌詞裡的顏色與職業換上：有人說紅色代表消防員、紫色代表魔術師、黑色代表女巫……孩子嘻嘻哈哈，覺得歌詞裡的人太傻了，竟然會為了一個人，一生只穿同一種顏色的衣服！真固執！

孩子啊，也許有天你們會發現，這種固執並不可笑。

就在這個我們身處的城市裡，許多人就是這麼傻，正在為一些事情執著。

一年，不算甚麼；一生，也不算甚麼，因為許多事情的量度單位是超越一輩子的。

原本，執著是莫須有，不過有些情懷注定一直糾纏下去，不可笑、不可悲也不可恥。

偏要選擇執著地不捨不棄，是因為我們真的很愛。

2.14 | 放下與執著

自小容易緊張，導致腸胃不好，需要飛奔回家上廁所的次數多不勝數。記得兒時坐在馬桶上一抬頭，便會看到一張爸爸特意貼在牆壁上的阿虫漫畫，上面寫著「百忍不如一恕」，多麼貼切！

除了客廁，浴室又貼了另一張，寫著「放下世間煩惱自有心情夢蝶兒」。在沒有手機的年代，如廁時，是個思考的好時機，百無聊賴地看得多，道理不知不覺便入心了。

現在回想，實在佩服爸爸的幽默與智慧。廁所，的確是一個學習何謂放下、何謂寬恕的好地方。

試問誰未曾為過一些事情耿耿於懷？放不下的感覺的確可以把人的日常吃掉。

有聽過坦山和尚與小沙彌的故事嗎？

話說兩師徒走過小溪旁，遇上一個行色匆匆的美女正想過河卻不知如何是好。和尚對女子說：「姑娘，來吧，我揹你過去。」於是，和尚便涉水將女子揹到對岸。小沙彌看在眼內，大惑不解。師傅常說不能親近美色，但自己卻冒犯清規。小

沙彌當然不敢當面質問師傅的行為，導致往後幾天，他都悶悶不樂；終於，他忍不住向師傅問個究竟。坦山和尚詫異地回應：「我揹著那姑娘過河之後，早就把她放下了！沒想到你卻把那姑娘緊緊揹著，到現在還未能放下來呢！」

一直以為只有放下，人才能前進。可是經歷了一些大是大非，領悟深了，才發覺放下與執著並非絕對的反義，而是兩種能雙軌並行的修行。

常說人不能一直執著，但有些事情，也不到我們一聲放下。

念念不忘、擇善固執看似是一種殘缺，卻也使人生圓滿。

Chapter 03

「搞砸了，怎麼辦？」

3.1 | 白紙與鉛筆

每次上課遇上頑皮的孩子，盤算如何處理之際，都會先想起兩件往事。

小時候某次晚飯時，那年才六歲的弟弟突然發脾氣不肯吃飯。媽媽才責備了兩句，他竟然二話不說走入廚房，賭氣將碗裡的飯通通倒進垃圾桶。

浪費食物乃家中大忌，我以為是藤條出動的時候了。只見爸爸冷靜地走進廚房，繞過還站在垃圾桶旁的弟弟，然後從米缸裡撈起一碗白米。

「今天晚上你不用吃飯了。現在你過來，點算一下這裡有多少粒米，數完便去睡覺。」爸爸板起臉說罷，就將碗裡的白米倒在窗台上。

弟弟望著上千顆米粒，不知如何是好。對於六歲的孩子，千位數字並不容易呢！為免他數錯，爸爸還貼心提供白紙和鉛筆，建議他每數二十粒便在白紙上記下。

接下來的一小時，弟弟埋頭邊哭邊數，一位六歲小孩深刻地學了「粒粒皆辛苦」的一課。

又有一次，是個星期天的下午，爸爸正在午睡。我和弟弟則納悶著，我便提議不如玩遊戲機。

家中規矩不准不問自取，於是兩個十歲未滿的孩子走到正熟睡的爸爸耳邊，唸經式不斷重複：「Daddy 我哋想打機……Daddy 我哋想打機……Daddy 我哋想打機……」唸了數十遍，爸爸竟然未有睜開眼，於是便加大力度。

突然，爸爸睜開眼站起來走開，我們以為成功爭取，於是沾沾自喜地跟著走。誰知他又拿出白紙與鉛筆，命令我們到書桌坐下。

「你們覺得為一個如此自私的理由去這樣騷擾別人睡覺，做得對嗎？現在你們反省一下。剛才你們不斷重複的那句話，說了多少次，便抄多少遍。」爸爸冷冷地拋下一句就回去午睡。

我倆登時覺得很慚愧，邊哭邊抄，終於發現不停重複一句話感覺原來的確很煩人，下次不敢了。

人犯了錯，承受後果是理所當然。可是這個「後果」的出發點，並不是為了讓懲罰者發洩情緒或宣示權力。懲罰一定要公平公正，才能讓受罰者心悅誠服，反思改過。相反，懲罰過輕或過重，只會弄巧成拙，白白浪費一次教育的機會，所

以無論是獎或罰，都要適時及適宜。

以柔制剛從不容易，但硬碰硬通常會導致兩敗俱傷。當老師後，常提醒自己訓導時要先克己，才能設身處地為孩子著想，讓孩子深刻地上一課。這都是從爸爸身上學回來的。

3.2 | 獨角獸

小孩子在上課前鬧情緒是常有發生的事。記得一次走進屋內，五歲的小女孩沒有如常興高采烈地上前歡迎我，往屋內一看，穿著獨角獸戲服的她正躲在飯桌下發脾氣，畫面有點滑稽。

「為甚麼今天你躲在這裡啊？」我在飯桌旁蹲下問個究竟。

「我在生媽媽氣。」小女孩皺著眉回答。

「原來如此。為甚麼生氣呢？」

「媽媽說上課前不能吃糖果，可是我不過想吃三顆。」孩子發脾氣的時候，邏輯都有點混亂。

「哦……可是我的確曾經說過，唱歌前吃糖果不好。上完課或許可以吃一顆……現在先出來上課吧！」

「我不出，以後我會住在這裡。」她依然賭氣。

「啊，山洞的確是獨角獸的家。」孩子生氣時，跟他們說道理通常都不太奏效，唯有嘗試換個角度開解。

「甚麼山洞？」她好奇問。

「看來你今天是隻獨角獸，你躲在飯桌下就像處身山洞裡面，在裡面唱歌，聲音會跟平時不一樣，你要不要試試？今天你就躲在山洞裡唱吧。」我提議。

「好，那我就留在這裡唱。」孩子眼睛轉一轉，好像已經消氣了。

「可以啊。鋼琴那邊是森林，我現在跨過那條河，到森林那邊彈琴，你留在山洞，千萬不要過來。」我扮作擔心的警告。

然後我站起來，煞有介事地大步跨過那條假想河。

「其實我也可以跳得很遠。」孩子爬到山洞口誇口說。

「真的嗎？可是河很闊、水很深，真的有點危險。」我也繼續發揮演技。

「我示範給你看。」獨角獸終於走出山洞，大步大步地蹦蹦跳，畫面很有娛樂性。

「嘩，好厲害！那你跳過來森林這邊上課吧！」我繼續鼓勵。

「好！你看我！我可以跨超級大步呢！」說罷她便用盡全身力氣一躍，終於歸來了。

教育孩子，直接訓斥雖然快捷，但效果通常並非最理想。偶爾要先放下身段慢慢拆局，方能智取。

3.3 | 動物列隊

從小一課室走到音樂室，大概是三分鐘的路程，如果哪天能夠一口氣走完全程，會覺得非常幸運。因為在這三分鐘內，一班正在學習排隊的孩子，總會出現一些狀況，譬如旁邊的同學走得太快啦、後面的同學踩到自己的鞋跟啦、發現樓梯上有塊貼紙啦、轉角處有隻蜜蜂死了等等。

於是我跟孩子約法三章，排隊走路期間大家要保持安靜，除了非說不可的事情，一切等到抵達音樂室才分享。

「Ms Yu！」一次有位孩子緊張地舉手。

「是非說不可的事情嗎？」我邊走邊問。

「是剛才發生在梯間的事，很重要的！」孩子緊張地說。

「好，那請你說吧。」所有孩子跟我一起停下來。

「剛才在梯間，Mason 扮烏龜爬上樓梯！」孩子似乎未明「非說不可」的意思。

「Mason，請不要再扮烏龜。」我簡潔地提點一下，只希望

可以一起安靜走到音樂室。

「那可以扮白兔嗎？」Mason 邊問邊扮著白兔蹦蹦跳跳。

有些孩子見狀覺得有趣，按捺不住跟著做，霎時間隊伍裡面有五、六隻白兔在跳，亦有孩子不知是否會錯意，蹲下扮青蛙跳，扮青蛙的又啟發了旁邊的同學悄悄扮一隻蟹，情況有點一發不可收拾。

我想，與其在走廊破口大罵，不如將錯就錯。

「你們都想扮動物嗎？」我認真地問。

「想！」所有孩子眼睛發亮。

「好。我數三聲後，所有人都可以變成一隻動物，但是你們完全不能發出任何聲音，老師想知道，到底這三十隻動物能否成功安靜地走到音樂室。」目標不變，依然只是希望他們能安靜排隊。

「要是說了話又如何？」孩子最在意遊戲規則。

「說話就輸了，要變回人類喇！」我回答。

「做人類是最悶的！」排第一那位小男孩這樣回應。

「準備好了嗎?一⋯⋯二、三!變!」聽到我突如其來倒數,孩子們嚇了一跳,也迫使他們立刻使出一秒入戲的本領。

原本沉悶的人類列隊瞬間變成了動物列隊,浩蕩卻安靜地移動著。

我領著三十隻動物,耳根終於樂得一分鐘的清靜。然後我想,老師的工作的確跟馴獸師有點相似呢!

3.4 | 鳥與烏

早前教小一的孩子唱一首非洲童謠。音樂真是個方便的科目,唱首歌、跳隻舞、打開世界地圖,便能將孩子的想像帶到課室外千百公里遠。

「孩子,這首歌來自一非洲的國家,名字是烏干達。」我邊說邊在白板寫上「烏干達」及「UGANDA」。

由於我一直用英語授課,當孩子看見我能寫出三個中文字都感到十分驚訝;其中兩班孩子,更為我鼓掌喝彩以表鼓勵。

「嘩!Ms Yu 原來懂得寫中文字啊!」有孩子難以置信。

「Ms Yu,做得好!」也有孩子表示嘉許。

「謝謝你們,其實我懂英文,也懂中文。就像你們一樣,都懂得雙語啦!」我如實跟他們解釋。

「你做得好,可是我想你出錯了。」有位坐在後排的男孩舉起手說。

「噢?是嗎?我哪裡犯錯了?」我望望白板上的三個中文

字，不明白那位同學的意思。

「那個中文字……我可以出來教你嗎？」他指著白板卻解釋不果。

「可以，請過來說明。」我拿起一支綠色的白板筆遞給他。

男孩走出來，接過白板筆，然後在白板的下方，寫了一個小小的「鳥」字。

恍然大悟，原來他誤以為「烏」是「鳥」字。

「噢，我明白了。你寫的字讀『鳥』，我寫的這個字讀『烏』，國家名字是『烏干達』，所以我並沒有寫錯！兩個字真的十分相似，混淆了也不足為奇啊！」

「原來如此，對不起，Ms Yu。」孩子顯得有點尷尬。

「沒問題！我很欣賞你願意嘗試的勇氣，老師的確會有出錯的時候啊！也全靠你，你的朋友今天學會了『鳥』與『烏』的分別。你是個出色的小老師，剛才合作愉快！」我笑著張開五指，他再展笑顏跟我擊掌。

在音樂課用英文講解中文字有點匪夷所思，但在這樣一互一

動的情況下就自然地上演。人的心思意念真的很難說，所以特別喜歡這種教學如流水的感覺。

只要能夠及時抓住孩子們千變萬化的意念、只要夠在意，教與學，無論何時何地都正在發生。

3.5 | 搓手液倒翻了

昨天上課時介紹樂器。因為要保持社交隔離,現在玩樂器,孩子不能像從前般一窩蜂走出來隨意試玩,老師要將樂器逐一交給孩子。為保持衛生,在試玩前我也會吩咐孩子先用自備的搓手液清潔雙手。

眼見一位平時調皮的男孩出現了一點狀況,搓手液如何用力也擠不出來,大概是因為瓶嘴堵塞了。

那是六歲孩子自己解決得來的事,所以我沒有上前幫忙。果然他不消一會便想通了,見他先將瓶口的塑膠蓋扭開,直接從膠瓶子擠出搓手液。

總算過了一關。

誰知,下一秒又出現新狀況!

他用力一搖一擠,三分一瓶搓手液突然傾盤瀉下,通通流到手掌與桌子上。

這孩子一臉尷尬地看了我一眼,但見他沒有求助,於是又再讓他自行解難。見他用右手托著頭,懊惱地看著左手盛著滿

滿的搓手液。

幾秒之後，他又想通了。

他豎起右手食指，沾上一些搓手液，開始在桌子上寫字畫畫。我笑了，既然無傷大雅，便由他。

派發樂器需時，過了一會，我終於將搖鼓帶到男孩的桌前，他對我說：「Ms Yu 你看！我畫了一幅畫！」

我望向黃色的桌面，是一幅搓手液畫作，除了高山、樹木和火柴人，還隱約看到一句「HELLO！MS YU！」

「哇！很厲害！你竟然用倒翻了的搓手液畫了一幅畫！」我真心佩服孩子的創意。

畫作不消一會便蒸發了，卻印了在我心裡。

雖然覆水難收，但只要不失方寸、動動腦筋，便能為最壞的時刻注入希望、將困局逆轉。

不得不承認，孩子「論論盡盡」，卻道行高深。

3.6 | 雪糕融掉了

上課的時候，有位孩子突然將手高高舉起，另一隻手則按著肚子，我還未來得及喊他的名字，孩子已經面容扭曲地喊：「Ms Yu，我要上洗手間。」

眼見事態緊急，我也不追問了，只說了聲：「去！」

孩子離開座位，沒有立即衝出門口，反而走向課室的後方，我以為他急得失了方寸，於是提醒他：「門口在這邊！你往那邊幹甚麼？」

「我要拿本圖書。」他一邊說，一邊在圖書閣拿起一本圖書。

「還拿甚麼圖書？趕快上洗手間！」我也著急起來。

「我大便的時候一定要看圖書。」他邊說邊直奔出班房。

我跟他的同學都笑翻了，然後我突然想起一個故事。既然要等待上廁所的孩子回來，便說給班上的孩子聽。

====================

一天下午，Anson 正在家中認真地做功課，忽然聽到窗外傳來雪糕車的音樂聲，於是立刻從錢罌裡拿出幾個硬幣，告訴媽媽他要買雪糕後，便急忙跑出門口。

「叔叔，請給我軟雪糕！」Anson 抬頭望著軟綿綿的雪糕一圈一圈的落在威化甜筒上，不禁舔舔嘴唇。

「來，小朋友！你真幸運，我正打算開車走喇！你是我今天最後的顧客。這是你的軟雪糕！八元！」雪糕叔叔友善地說。

Anson 付了錢便歡天喜地走回家。

走了一會，他看到一位在路邊乘涼的老伯伯，卻留意不到眼前原來有一顆小石子，一不留神，Anson 竟連人帶雪糕摔倒在地上。幸好這一跤並沒有令他受傷，可是軟雪糕卻已攤在地上。

Anson 見狀便立刻大哭起來，他的哭聲更驚動了正在乘涼的老伯伯。

老伯伯走過來問個究竟：「小朋友，你為甚麼哭？」

「嗚～嗚～我的雪糕掉了。」

「你叫媽媽再買給你便行了。不用哭！」

「嗚～嗚～嗚～我媽媽不會買給我，買雪糕的錢是我努力儲來的。何況現在雪糕車也走了，有錢也買不到……嗚～嗚～嗚～」

「你別哭，我告訴你！雪糕掉了是最有趣的事！」

Anson 停了一下，又繼續哭：「嗚～嗚～怎麼會是有趣的事？這是最壞的事才對……」

「你試過赤著腳踏在凍冰冰、軟綿綿雪糕上的感覺嗎？」

Anson 眼睛閃了閃，再回答伯伯：「沒有。」

老伯伯續說：「我想世界上沒幾個小朋友試過呢！但你看，眼前就是千載難逢的好機會了！既然不能把雪糕拾起，不如你脫掉拖鞋，踏上去，告訴伯伯感覺如何！」

Anson 想了想，覺得伯伯說的話有趣，於是便把拖鞋脫掉，用腳趾輕輕碰了地上溶掉一半的雪糕一下；然後便笑道：「嘻嘻～很冷！」

伯伯說：「呵呵～是嗎？那不如試試將整隻腳板踏上去吧！」

於是 Anson 壯了膽，便將全隻腳板踏在雪糕之上，真的如伯伯所說，果然是個前所未有的體驗！他看著白色的軟雪糕從腳趾之間游來游去，感覺是凍冰冰也是軟綿綿。

他從來沒想過，原來雪糕除了好吃，還很好玩呢！

直到雪糕溶掉，剩下一灘奶白色，Anson 看到自己黏糊糊的腳板，不知如何是好，又有點想哭了。伯伯立即問：

「你覺得你可以從這裡單腳跳回家嗎？」

Anson看自己離家門不遠，便把一隻腳提起，跟伯伯道別後，便快樂地跳跳跳回家。他一看到媽媽，便興高采烈地把剛才發生的事告訴她。

媽媽一邊替他抹腳，一邊微笑聽著。雖然Anson弄得地板有點髒，可是她並沒有責備，因為孩子今天學的一課最是寶貴。

====================

故事說完，剛才那位上廁所的孩子返回課室。我們看著他一臉輕鬆地將圖書放回原處，心裡也很愉快。

在最壞時候仍能方寸不亂、保持幽默，才能活得從容自在啊！

3.7 | 紅

中學的時候讀過女校，一班女孩子湊在一起能發揮的那股傻勁及想像力有時真的會嚇人一跳。

當年大家都不甚期待夏季的游泳課，因為需要準備的事情繁多，首先要用九秒九速度換上泳衣跑去池邊熱身，跳下水裡勉強游畢老師吩咐的距離，又跳上水踢著拖鞋，濕漉漉地返回課室，過程十分累人。

所以大家都會想盡辦法逃避。

游泳課的那天早上，體育老師都會發一張白紙，要求當天不能游泳的同學寫下姓名及原因。女孩子未能游泳最冠冕堂皇的理由當然就是月事來了，老師也少有過問。

誰知有一次，白紙上的名字竟然多達十多個，理由也是同一個。如此明顯的謊言令老師震怒，於是事先張揚會在體育課時逐個檢查。

雖然沒有說明會如何檢查，卻已嚇得我們這班根本在捏造事實的女孩子半死。

小息一到，我們這班壞分子沒有跑去小食部買零食，而是圍在一起七嘴八舌地商討對策。

「怎辦？真的要檢查怎辦？」

「我覺得她不過嚇嚇我們吧。怎會真的檢查？」

「做戲要做全套，不如用紅筆畫吧。」

大家立刻哄堂大笑。

「吓？鉛子筆嗎？完全不似！白板筆比較好吧？」

「不如去休息室看看有沒有紅藥水，更像。」

「今天有沒有人帶飯？看看有沒有番茄炒蛋，不如用番茄！」

「超噁心～～～但我喜歡！哈哈哈～～」

愈說愈過分，大家的笑聲也愈來愈大，似乎忘記了自己正面臨受罰。雖然是趟壓力下激發創意的反面教材，但相信我們都是這樣長大的。

沒有這種輕狂，又怎算年輕過？

3.8 | 玫瑰花園

無意中在網上看到這張孩子的作業照片，笑了。

記起自己小時候抄詞語時經常心不在焉，一個字寫十次擦十次，依然寫錯。媽媽當然十分生氣：「照著抄為何仍然可以重複犯錯？不能小心點嗎？」

屢勸不改，於是媽媽把心一橫，終於在某一晚臨睡前沒收了我的擦膠，著我從此不能再擦，小心寫好一筆一劃。

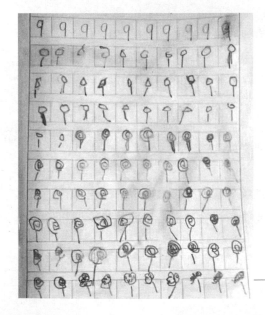

網上圖片

最後通牒是：錯一次打一下。

下次抄寫時十個擔心，吩咐自己要謹記慢慢寫，絕不能錯。
豈料筆尖爬到第二個方格時已經出錯了，一想起媽媽手執藤
條兇巴巴的樣子就悲從中來。

哭著哭著突然靈機一觸，既然不能用擦膠改錯，就用別的
吧！於是跑到廚房拿塊濕的抹布，往練字簿上擦啊擦，寫錯
的那一劃果然消失了，因為那方格已經被濕布溶掉，練習簿
穿了個洞。

媽媽要養大這位笨孩子，真是個嘔心瀝血的過程呢。

再看這張照片，其實很有意思。

從第一格的「9」字寫到最後一格「玫瑰花」的過程，好比
一段漫長的學習之路。孩子學會照抄照做的基本功固然重
要，但我們更希望的，是他們每走出新的一步，都能為那刻
板的模型注入一些自己的思想，去舊立新，世界才不至於一
成不變。

創新過程中，總會不斷碰釘，作品不甚美觀，很多時候更是
糊裡糊塗就混過去了。可是只要繼續相信，讓孩子一直大步
走啊走，時候到了，他們一定能用最意想不到的方法種出一
個花園。

3.9 | 透明復活蛋

復活節假期過後，學生家裡的牆壁還貼著各式各樣的自製佈置。

「Ms Yu，你想找彩蛋嗎？」五歲小女孩拿著一個藤籃，興高采烈地上前迎接我。

「好啊！屋內藏了多少顆彩蛋啊？是巧克力彩蛋嗎？」我邊接過藤籃邊問。

「巧克力彩蛋都被我吃掉了。」

「噢，那我找甚麼彩蛋？是貼紙彩蛋嗎？」

「貼紙彩蛋也全部被我撕下了。」

「吓？那沒有蛋，找甚麼？」我拿著藤籃有點無奈。

「媽媽説可以找透明的彩蛋啊！用腦袋想想就會找到！你看我！」她蹲在桌子下，再站起來的時候，手裡猶如捧著一顆透明的復活蛋説：「你看！這裡有一隻！……其實不是真的，是做戲，你明不明白？」

我終於明白了，便笑著奉陪，隨手一拈說：

「這裡有一隻！是紅色和黃色的……放進籃裡……這裡又有一隻！你看！是彩虹色的呢！……唔……還有嗎？」

孩子看見我作狀將透明彩蛋放進藤籃裡，便滿意地笑了，也令她更落力演出。

「這裡也有一隻閃閃的復活蛋呢！不如我們一起趴在地上，看看沙發下有沒有！」她興高采烈地提議。

畢竟老師的骨頭有點硬，無端趴在地上的動作也未免太操勞了，於是便轉移她的視線：

「啊！那邊！有一隻超級巨型的復活蛋！比一間屋還要大！是恐龍蛋嗎？」我眺望著說。

「哈哈，你很傻……我也找到一隻超級小的復活蛋！是螞蟻蛋嗎？」她不甘示弱。

接下來的幾分鐘，我們還找到地球蛋啦、太陽蛋啦、獨角獸蛋啦、公主蛋啦、雪糕蛋啦、飯蛋啦……真的樂透了。

「你覺不覺得，比起真的復活蛋，透明復活蛋似乎更有趣。」

搜尋結束，孩子靜靜地問我。

這個當然。

想像力那道門，一旦打開了，從此就不會捨得關上，因為裡面真的很精彩，不只應有盡有，就連本來沒有的也有。

Chapter 04

「大人為甚麼常常不快樂？」

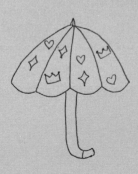

4.1 │ 愛哭的婆婆

學校因為疫情停課，孩子長時間留在家中。偶爾會收到孩子
的電郵向我問好，有不少孩子會在電郵裡抱怨說待在家中很
悶很無聊，或投訴不能跟老師同學見面。唯獨有一位每月都
會給我發電郵的孩子令人留下深刻印象，雖然才六歲的他詞
彙不多，說的都是一些尋常小事，卻每每為我帶來微笑。

他說待在家中感覺很悶但不要緊，悶就自己彈琴唱歌做運
動；見不到朋友但不要緊，可以畫幅畫寄過去，給朋友一個
驚喜；每天都想念老師同學但不要緊，因為知道總會見面的。

待終於能夠回校面授課程，一走進課室已經見到他那彎彎的
眼睛，隔著口罩也知道他在微笑，無論做甚麼都全情投入，
老師也被感染了，不敢鬆懈半秒。

看著他，我想起一個故事。

====================

從前有一位婆婆，她有兩個兒子，都已經成家立業，各自打
理小生意。

婆婆卻過得不快樂，無論是晴天雨天都會坐在家門前唉聲嘆氣。

在一個下雨的早上，住在隔壁的大嬸帶著點心去探望她。

「婆婆，你為甚麼不快樂？」大嬸一直好奇。

「我十分擔心兩個兒子啊！」婆婆哭著說。

「兩個兒子都出身了，還時常來看你，看來給你的家用也足夠，你為甚麼還不開心呢？」

「哎呀，你看，今天一直下雨。雨天時我特別擔心，因為我的大兒子是賣草帽的。下雨天誰會買草帽？他今天一定沒有生意，真可憐！」婆婆往外面指一下，又傷心地擦一擦眼睛。

「雨總會停，到太陽出來的時候，他便能賺錢。為甚麼還是見你唉聲嘆氣呢？」大嬸大惑不解。

「晴天有甚麼值得快樂？我的小兒子是賣雨傘的，烈日當空，買傘的人自然減少，多令人擔憂啊！」婆婆又埋怨著。

「婆婆啊！不如這樣，天空放晴時，你試想想賣草帽的大兒子，他的生意一定好！到下雨了，你便想想賣雨傘的小兒

子，這樣便不會難過了。」

老婆婆突然想通，便歡天喜地做飯去。以後晴天雨天都不再
愁眉苦臉了。

===================

許多事情，往往未能盡如人意，可是發生在眼前的就是事實
本身，經已不能逆轉了。心境決定處境，不必奢求逆境能令
人大徹大悟，但只要能換個角度看事情，我們還可以從瑣事
中找到小滿足，生活本就應該這樣過。

有人喜歡早上跑步，有人喜歡晚上跑步，我則不太規律，想跑便跑。不同時段在家附近跑步，會碰上也在練跑的街坊。雖然多年來就這樣偶爾喘著氣擦身而過，但都培養出一份親切感。

夜跑的街坊中有一位大概六、七十歲的大叔。每次起跑時遇上他，他那螢光跑衣早已濕透；到我跑完幾公里，開始累了，他卻依然維持節奏地跑，不似有停下來的意思，因此直覺他應該是位長跑手，心裡十分敬佩。

因為疫情，我們好久沒有遇上。直至球場重開後不久的一個早上，我從遠處看見眼熟的螢光黃色上衣，再跑近點，見到大叔正推著一架四腳步行器，在球場旁邊練習走路。

我進入球場跑了一周，走近大叔時，除了如常點頭微笑，也停了下來跟他聊天。我們說了一輪客套話，時機到了，我便吐出心裡那句：「慢慢來！康復後再跑！」

「噓～不會完全康復了，不過即使不能再跑，起碼也要重新學會走路！」大叔揚一下手，神態豁達。

道別後我便跑離球場，心裡有點感受。

一些突變為人生帶來的衝擊可以沉重得令人承受不了。認清事實，才可保持頭腦清晰，不至於一蹶不振。

人生裡，我們偶爾會遇上一些早已過了臨界點、再也回不了頭的狀況，在那些層面，一生都不會完全康復過來。

接受事實不代表認命，也非消極。因為淚水沖不走堅強，而命運中的一點殘缺並不會奪去我們原來的身份，我們知道自己是誰。

回不了頭，甚至康復無期，我們也得走下去，畢竟放棄不是一個選項。

就如大叔說，倒下了就撐起來，即使不能再跑，起碼也要重新學會好好走路。

4.3 | 意大利人的生存之道

在新聞上看到幾段意大利人在疫症肆虐期間自我隔離時，一起走出露台唱歌奏樂自娛的畫面，令人會心微笑，也令我想起在匈牙利留學期間遇上的兩位好友。

我的同房是一位叫 Marina 的意大利女生。她比我大幾年，是位愛抽煙的鋼琴家，那時在羅馬靠演奏維生。由於不愛抽買回來的香煙，她每天練完六個小時琴回來，都會坐在床上捲煙絲。

Marina 不諳英語，我的意大利語也只達勉強能在街市買橙的水平，但她十分愛説話，所以我倆每天除了不住對話，還有不停大笑，因為有一半以上時間根本不知道對方在説甚麼。雖然雞同鴨講，我們卻一拍即合，大概是因為彼此都有那不分種族膚色的無聊基因吧？

Marina 像個大姐姐，很快便帶著我跟她校內的同鄉混熟。我們除了上課奏樂，就是吃喝玩樂，從早到晚黏在一起。學校飯堂提供免費膳食，食物卻極度難吃，不過大家都是窮學生，沒選擇。

直到某個周末，熱愛美食的意大利人再忍受不了，於是我們

在 Marina 練琴時，照她吩咐到超市買食材。

宿舍房間設備簡陋，沒有廚房。不知誰帶了一個手提電子爐，我就去飯堂借來一個鍋。Marina 練習結束便隨手拿起個空酒瓶，用瓶底將材料逐一壓碎，弄出我吃過最美味的 pesto sauce。

這班新相識的意籍朋友當中，我跟 Andrea 的選科重疊最多，亦跟他十分投契。這位男孩個子小，年紀比我少三歲，常常嬉皮笑臉，一有空便會伸手按我的鼻子一下然後說：「嘻嘻，好扁。」

不過 Andrea 也有認真的時候。他每天會隨身攜帶一本重如磚頭兼被掀得發霉的意英字典。往學校途中跟我說話詞不達意時，便會大聲喊停大家：「各位停一下，我要查字典！」然後慢條斯理地從背囊取出字典，低頭翻閱。

從不互相催促的朋友會應聲在烈日當空下流著汗等候，過了半天，到我終於明白他的意思了，大家又繼續邊說邊走，即使遲到也毫無怨言，亦不會加快腳步。意大利人就是有這種令人有又愛又恨的氣定神閒。

除了對外語特別執著，Andrea 說愛也似乎十分認真。從第二天見面起，他每天都會誠懇地對我說一次「我愛你」，起

初我嚇了一跳，只懂點點頭冷冷回應：「知道了。」他卻鍥而不捨。

後來才發現他原來也有向其他女同學這樣天天「示愛」，還好意思問我為何大部分女孩都不理他，我啼笑皆非之餘，亦明白到原來愛的定義很廣泛。

Marina 在那年的課程裡認識了從事作曲的丈夫，現於意大利北部定居。Andrea 現在已經是位滿面鬍子的大男人，早幾年移居德國當樂團指揮，德語說得比英語好一百倍。

意大利全國封城後，他倆在社交媒體分別寫了兩句諺語：

「*Aiutati che Dio ti aiuta.*」
(Help yourself and God will help you.)

「*Mangia bene, ridi spesso, ama molto.*」
(Eat well, laugh often, love lots.)

在最壞時候學會不鬆懈，但依然捨得吃、懂得笑、繼續求愛自愛，也算是種值得學習的生存之道吧？

好久沒有聯絡，於是我給他們發了個訊息問好。希望下次再將我們聯繫的，不是病毒與隔離，而是猶像最初的好音樂和歡笑聲。

4.4 | 安妮·法蘭克

門打開，十歲學生的媽媽抱歉地對我說：

「不好意思，我的大女兒正在客廳鬧脾氣。請不要介意。」

大女兒就是學生的十五歲姊姊，是位十項全能、向來對自己
要求甚高的高材生。原來因為疫情，學校關閉，她未能及時
回校取回書本，加上面對公開試的壓力，她終於在這天崩潰
了，坐在沙發上語無倫次地哭訴：

「我的生活完全像一團糟！嗚嗚……連回學校拿本書也做不
到……嗚嗚……你要我怎樣溫習？嗚嗚……天啊……要是追
不上進度怎辦？……我的人生要完了……嗚……嗚……」

她的媽媽安慰著女兒說：

「我們總會遇上難過的時候。大家都正在努力著，你的老
師、你的家人、你的鄰居，都在努力抵抗疫情，其實現在的
情況有點像戰時狀態。你可以想想 Anne Frank，記得她是
怎樣渡過難捱的時刻嗎？」

女兒可能想起 Anne Frank，似乎沒有之前般激動，雖然還在拭淚，但起碼能完整地說一句：

「我明白，但這疫情是完全不同的情況，不能相比。」

我跟這家庭還算熟絡，於是插嘴加入討論：

「真的不能相比呢！疫情比戰時更可怕。那時候，Anne Frank 起碼會知道敵人正在逼近，可以逃走。我們呢？敵人是病毒，無處不在，根本避無可避！」

「不過我們現在有互聯網，能容易獲得疫情資訊，但 Anne Frank 的時代沒有。」大女兒笑了一笑，反駁我那個有點反智的論據。

「誰是 Anne Frank ？」還未讀過《安妮日記》、剛才一直旁觀的十歲孩子顯得十分好奇。

一本書、一位歷史人物，能在幾分鐘內將幾代人聯繫起來，這就是閱讀與學習的其中一種魔力吧？

偶爾崩潰一下不要緊，但只要不放棄，我們總能在失智的時代找回一點理智。就如安妮 · 法蘭克在日記裡寫道：

Riches can all be lost,
but that happiness in your own heart can only be veiled,
and it will bring you happiness again,
as long as you live.

4.5 | 一百萬個明天

一向十分享受為孩子解釋歌詞的過程。除了故事,還有不同的語文,附帶著的是不同國家的文化,是個認識世界的起點。有時在童謠裡,作為大人,也會找到久違的安慰。

經典音樂劇 *Annie* 裡的那首 *Tomorrow* 是很多孩子都喜歡的歌。記得一次,有位五歲未滿的小女孩嚷著要唱,不消一會便琅琅上口,可是對歌詞仍一知半解。

> *When I'm stuck with day that's gray and lonely*
> *I just stick out my chin and grin, and say*
> *The sun'll come out tomorrow*
> *So you gotta hang on til tomorrow*
> *Come what may*

「這首歌的意思是,我們不要因為天陰下雨而不開心,因為太陽明天可能會出來。」我簡單地解釋。

「但是下雨天的時候,我也很開心,因為可以在窗前看雨點流下來。」孩子總能夠在陰天裡找到屬於自己那道陽光。

「啊,這裡不只說下雨天,意思是就算今天因為某些事情不

開心，也要告訴自己不要緊，因為明天就可能會開心。明天依然不開心也不要緊，因為後天可能會重拾快樂的感覺。」

「後天即是哪一天？」

「意思是明天的明天，兩次明天。」

「哦……如果兩次明天依然不開心也不要緊，十次明天之後就會開心，對不對？」這孩子的腦袋轉得快，能舉一反三。

「沒錯，總有一天會再次開心起來的！」

「有時可能要一百萬次明天！」

對呢。

但孩子啊，即使需要一百萬個明天，那天還是會來的。

相信還有明天，不是天真爛漫，而是一種求生意志。當人覺得氣餒絕望時，確實沒甚麼可做，唯一還在手裡的就是這身為人最基本的信念，抓緊它，才能一步一步走過甜酸苦辣，抵達第一百萬個明天。

4.6 | 螢火蟲

動畫 *Charlie Brown* 裡的 *Happiness* 是一首孩子都喜歡的歌，歌詞提到不同種類的快樂。

「你先唸歌詞，我再解釋給你聽。」學習旋律前，我習慣先跟孩子談一下歌的內容。

「Happiness is finding a pencil⋯⋯ 為甚麼找到鉛筆會快樂？鉛筆很漂亮嗎？」孩子問。

「不是啊，可能這位小朋友遺失了鉛筆，能夠尋回，便很快樂。」我作一個假設。

「哦⋯⋯我也試過擦膠不見了，找了很久，最後在鋼琴下面找到。」

「對啊，其實鉛筆、擦膠等文具都容易用錢買到，可是遺失了再尋獲的那種快樂，用錢買不到。你繼續唸。」

「Happiness is sharing a sandwich⋯⋯其實我不太喜歡吃三文治，因為有點硬。」她的一本正經令我忍俊不禁，孩子只了解到歌詞的字面意思。

「重點是能夠分享。無論是自己喜歡或不喜歡的東西，可以跟朋友分享，就是一件快樂的事情。明不明白？」

「明白……Happiness is catching a firefly, setting it free……setting it free 是甚麼意思？」

「是放生的意思。這個小朋友很喜歡螢火蟲，於是將牠裝在玻璃瓶裡帶回家，不過最後還是決定將牠送回森林。你覺得是為甚麼？」

「因為他知道螢火蟲不開心。」

「那又如何？」

「他希望螢火蟲開心，便將牠送回森林，讓牠可以見到爸爸媽媽。」

「原來如此。可是這樣一來，小朋友會不開心嗎？」

「會……不過他想看見螢火蟲開心。螢火蟲開心，自己也會一樣開心。」

每次聽到孩子說明這些簡單的道理，我都會暗暗希望他們會一直好好謹記這些小故事裡的教誨。

快樂嘛，很簡單卻又很多樣：有時它叫失而復得、有時叫禍福同當，又有一種快樂，只能在成全他人的時候找到。即使這些較深層次的快樂裡，往往包含一絲苦澀，孩子都不以為然。

他們了不起，面對好壞與喜惡都坦坦白白地照單全收，所以他們承受得起世上的長闊高深、甜酸苦辣；一口嚥下去，又能遇上另一種快樂。

4.7 | 仙人畫家

到日本旅遊時，甚少選懷石料理，因為通常行色匆匆，整天都在左顧右盼，根本培養不了心境去欣賞懷石料理的那份講究。心亂，便不可能體會箇中纖細，更生怕自己那顆粗心，像隻大笨象般突兀闖進人家的店內，破壞原來的和敬清寂，還是跑去嘻～嘻～嘻～乾一碗拉麵吧。

疫情期間心還算靜，雖然沒有心情吃甚麼料理，但決定在電影台搜尋一下日本電影一解鄉愁，一眼就被《仙人畫家：熊谷守一》的宣傳照片吸引過去。

熊谷先生的晚年創作裡，線條與內容都看似粗糙，未必會令你衝口而出：「嘩！好漂亮！」卻會令人駐足觀賞，然後心裡疑惑到底是誰人的作品。有人甚至會以為是孩子的畫作，但當發現畫畫人竟然是位七老八十、宅了在家二十多年的老翁，均嘖嘖稱奇，然後又想發挖深一點。

說到「宅」，熊谷先生絕對算得上是達人。七十六歲那年因為輕微腦中風，從此便沒再踏出家門，直至九十七歲高齡離世。這二十多年間，家的庭院就是先生的宇宙。先生可以花上一天看螞蟻，或因為撿到一塊小石頭樂上幾天，所以他曾對妻子說：「一輩子活不夠，還想多活幾輩子。」這大概是

待在家裡一天都嫌多的城市人不能理解的心境。

很喜歡這位仙人畫家說過的的一句名言：

「上手は先が見える。下手はどうなるかわからないのでスケールは大きい。」

（高手，有先見之明；低手，因為充滿未知，所以尺度很大。）

跟畢加索說過的那句「It took me four years to paint like Raphael, but a lifetime to paint like a child.」（我花了四年時間學習畫得像拉斐爾，卻用上一生去追求畫得像孩子。）互相呼應。

能用赤子之心看世界，平淡苦悶都能轉化成新奇刺激。

4.8 | 堆石塔

十多年前第一次遇上 Andy Goldsworthy 的作品，驚為天人，尤其被他的石頭藝術吸引。自此，每逢旅遊時看見石堆，都會模仿用石頭砌一座小塔，作為到此一遊的紀念。

上次郊遊，走到石灘，滿目鵝蛋形石春，又不禁蹲下堆起石頭來。

同行的好友衝過來，其中一位向來喜歡打賭，拿著一塊三尖八角的石頭說：「我們輪流將石頭疊高，誰令石塔倒下，就請大家吃豆腐花！我先疊～」說罷便將石頭平衡在我的石頭之上。

為了置下家於死地，我們都想盡辦法增添難度。

「這次你死定了！」下一位將自選的石頭放在一個剛剛好的平衡點，鬆一口氣。

「賤人！」下一位邊嘀咕著，邊撿起一塊小得可憐的石頭小心翼翼地疊上去。

「搞錯！你不如拿一粒沙放上去好了。」下一位皺著眉謾罵。

「哈哈～石頭的大小沒有規限。你輸定了！」將小石放好的那位得意洋洋地回敬了一句。

在嬉笑怒罵聲中，石塔一層一層地增高。

疊到第八層，噼哩啪啦噼哩啪啦，石塔應聲倒下。發起遊戲的人最後輸了，其他人都為贏了一碗豆腐花拍著手哈哈大笑。

能一起坐在香港如此漂亮的海岸線旁邊，跟幾位好朋友玩石頭層層疊，真是忘憂的時刻。

免費的東西果然最珍貴。

想起老舍説，一輩子很短，要麼有趣，要麼老去。到了這個年紀，身邊還有肯陪自己認真地傻的人真是福氣。

無論如何，一起有趣地老去吧！

4.9 | 保暖包

天氣特別寒冷的時候，雙手冰得沒感覺，彈琴前需要先摩擦
僵硬了的雙手幾下才開始。

有次一位五歲的女孩見我往手心吹暖氣，便開始好奇追問：

「你覺得很冷嗎？」

「對啊，今天只有八度，雙手特別冷。」

「我可以摸一下嗎？」她伸手往我手背摸了一下，立即說：
「嘩！真的很冷呢！」

「不要緊，彈幾首歌就會暖。」

「你等一下，我去拿點東西。」說完就箭步跑開。

等候時我便隨便彈奏，彈到一半，女孩回來了，將兩個暖包
放在我正在彈琴的手背上。

「謝謝你，很暖呢！」我繼續將暖包平衡在手背上，狀態雖
然有點古怪，但也先謝過她的心意。

「你彈琴時將暖包一直放在手背上面，就不會覺得冷喇！」

「手背放著這樣一件小東西，很難一邊彈奏一邊平衡著呢！」我笑著回答。辦法雖然好，但其實有點難度。

「你試試，我想看看你可否做得到。」

看她一臉好奇的樣子，我便接受挑戰，小心翼翼地在維持暖包平衡的狀態下完成了一首歌。

小女孩隨即再拿出幾個暖包，嚷著要把難度增高。疊到第三層，我才彈了一個小節，暖包噗通噗通的全部掉到地上。

我倆哈哈大笑，雙手不再冷了，心頭也是暖暖的。

4.10 | 平凡裡的震撼

每年臨近聖誕，我都會帶著一本厚厚的聖誕歌曲集上課；孩子看見那本曲集都很興奮，因為可以唱一些耳熟能詳的節日曲目。

「你想唱甚麼聖誕歌？」我讓孩子選擇。

「可以唱 *Deck the halls* 嗎？」六歲的孩子有禮貌地問我。

「當然可以啊，讓我先看看目錄……*Deck the halls* 在一百七十六頁。」

說罷我便順手將曲集掀到第一百七十六頁，放好在鋼琴的譜架上。

「哇～你好厲害！」孩子突然驚嘆。

「發生甚麼事？」我不明白他指的是何事。

「你只用了一秒便能掀到第一百七十六頁！換了是我，可能要用一百七十六秒呢！你是怎樣做到的？」

「呃……沒甚麼，所有事情都是熟能生巧吧！」對於一項如此不起眼的技能獲得讚賞，感覺其實有點尷尬。

「不如我再考考你，看你能否做到。你可以立刻掀到第二百四十六頁嗎？」有些孩子就是有這種能將平常事變成一個遊戲的本領。

瞬間我又將曲集掀到第二百四十六頁。

「哇～真的很快！超級厲害！你等等我，我進去告訴哥哥！」

孩子的眼界短淺，但看事情卻很通透，能在平凡裡找到震撼，所以他們總是快快樂樂的。大人呢？目光遠大卻總是愁眉深鎖，一天下來，老是在雞蛋裡挑骨頭，找不到零點一個值得高興的理由。

這位孩子，就是擁有那種無論遇上任何情況，都看得見水杯半滿的樂觀性格。記得還有一次，我們上課的時候，樓上傳來惱人的電鑽聲，四十五分鐘的課，有大半時間都被不住的噪音干擾，弄得人心煩意亂。

電鑽聲終於在下課前的五分鐘停下來，我們可以安靜錄音。

「我們真幸運，對嗎？」這孩子咪咪笑著説。

「為甚麼？」我不明白他的説話。

「因為我們需要錄音的時候，電鑽聲便停下來了！」

聽罷，頓時感到一點慚愧，又有一點羨慕。

身處在源源不絕的喧鬧聲中，煩躁恍如每天的預設感覺。還有誰可以像孩子般守住純淨的心，能在片刻的寧靜中找到幸福？

4.11 | 大日子

大門一開，四歲小女孩如常走出來迎接我，今天她的裝束看來十分隆重：迪士尼公主的湖水藍色連身雪紡裙配上皇冠、銀色閃石高跟鞋、吊墜耳環、粉紅色指甲，還拿著一支金色的神仙棒。

「Ms Yu！我給你一點魔法！叮！」說罷她便將神仙棒一下打在我的手臂上，弄得我有點痛，事後還發覺甩了一塊皮。似乎這位小仙女學藝未深。

「謝謝你啊！今天是甚麼大日子嗎？看你穿得多漂亮！」

「甚麼是『日子』？」小仙女疑惑地問。

「啊，日子意思是……就是想問你，今天是哪一天呢？」

「哦……今天？今天是星期二啊！那甚麼是『大日子』？」她繼續追問。

「意思是重要或特別的一天，所以穿得比平時漂亮。」

「星期二就是大日子。你知道一個星期裡面，就只有一個星

期二嗎？所以是特別的一天。」小仙女一邊說，一邊整理頭上的皇冠。

「照你這樣說，似乎天天也很特別呢。」

「當然！每天都是大～～日子！」說罷，小仙女又「叮」了一些魔法在我手背上，這次動作十分溫柔。

老師受教了。

大人每天在平凡裡消磨，總覺得生活枯燥乏味，好不容易才找到一些值得慶祝、值得穿得漂亮一點的事情。孩子呢？世界比我們的簡單得多，卻總能處處碰上驚喜，那是因為他們就是有一種用讚嘆之情看世界的本領，所以能夠隆重其事，認真過每一天。

4.12 | 音樂節

每年的校際音樂節，都會想起一件事。

幾年前，有位剛隨父母從美國移居香港的八歲學生，媽媽希
望女兒參與校際音樂節。因為她沒有經驗，所以我花了點時
間解釋流程，也請她拜託鋼琴老師幫忙伴奏。

比賽當日，媽媽沒有像其他家長一樣即時將賽果傳給我，我
也沒追問，反正下午我們就上課。

一入屋，看見那面音樂節的錦旗放在桌上，原來拿了第一
名。正想說恭喜，卻見女孩走出來，一臉失望地跟我說：「我
一直以為是個音樂節。」

「甚麼意思？那是一個音樂節啊！」我不解地反問。

「但是音樂節應該有遊戲、氣球、小吃、戲服之類的玩意，
應該是一個有趣的節目啊！可是今天，所有人都唱著同一首
歌，悶死了！然後大家要拘謹地坐著等待評判宣佈結果，連
糖果也沒有發一顆，就只有這面錦旗。完全不好玩。」她扁
著嘴說。

的確，香港每年一度的校際音樂節其實不過是一系列的比賽項目，跟外國「音樂節」（Music Festival）的概念截然不同。

我感到抱歉，是我當初沒有向她解釋清楚，才弄出這趟美麗的誤會。原來她滿心期待著棉花糖、攤位遊戲、氫氣球等玩意，一面絲絨錦旗當然滿足不了她。

不過聽孩子這樣一說，其實也不無道理。

回想自己在外地參加過每個以「Festival」掛帥的藝術節畫面，總是左手捧著食物、右手拿著盛酒的膠杯，跟同窗嘻嘻哈哈穿插在不同的表演之間。

即使自己有份演出的日子也沒兩樣，襯衣沾了紅酒漬也不顧了，直衝上台，貌似優雅認真地演唱，心裡其實擔心有人會在台下吃掉我的熱狗。

鞠完躬衝下台，熱狗果然不見了，換來的是朋友抱著我戲言一句：「難聽死了！」然後倒杯酒給我一起乾杯。

音樂節也好，音樂比賽也好，最重要是樂在其中，因為若干年後回想，那些名次、錦旗、成績只會變得愈來愈輕，有時甚至掌聲與讚賞也會忘卻，留下的就只有那些年認真作樂的美好回憶。

學音樂，是種超越絲絨錦旗的修養；為的不是要分出高下，
而是分享人生啊！

Chapter 05

「究竟愛是甚麼？」

5.1 | 小島上的畫家

幾年前的春天，我到沖繩的外島度假。有天早上獨自騎單車經過一間小小美術館，正想休息，於是將單車泊好。

推門進去感到一陣涼快，眼見屋內未有其他人，便自顧欣賞牆上的掛畫。過了兩、三分鐘，便有位有型的伯伯走出來招呼我，熱情地介紹展品。

展覽畫家的名字叫 Nei，屋內滿目都是她的作品。

「Nei 先生在石垣島出生嗎？」我用生硬的日語向伯伯請教。

「不是。她來自名古屋，但因為特別鍾愛熱帶的大自然景象，所以作品主題多數圍繞大海與山嶺，她最喜歡八重山這一帶的島嶼。」他慢慢用最簡單的日語回答。

「原來如此！我最喜歡這張，屋子上的橙色屋頂就像這美術館的屋頂呢！」我指著眼前一幅佈滿橙紅色屋頂的掛畫。

我大概猜中了美術館屋頂的顏色應該用這幅畫作藍本，因為伯伯聽我這樣說，開懷地哈哈笑了幾聲。

「先生閒時會到訪畫廊嗎？」

「啊，不會，她已經去世十五年了。」

「原來如此，對不起。」我自覺有點失言，於是輕輕道歉。

「其實 Nei 是我的妻子。」

伯伯這麼突然一說，眼淺的我反應不過來，只好微笑點一下頭，隨即轉身望向牆上的畫。

很久沒有被這樣霎時感動過了。

妻子離世後，同樣是藝術家的伯伯離開本州，一個人跑到日本南端，到愛人生前最喜愛的大海和高山旁邊，搭建一間小白屋，蓋上她手繪出來的橙紅色瓦頂。除了周末，伯伯每天都會向訪客分享往事，每次提起妻子都是種思念的延續。

藝術的好，不只讓 Nei 先生用顏色留住微風細雨，也讓她留住了自己，讓伯伯能跟她在色彩中相逢。

也許因為伯伯依然深信愛人正在天堂手執畫筆為天地素描，所以他依然過得很好，笑得燦爛。

離開畫廊前，伯伯看見我若有所思的模樣，便提議替我在畫

廊外拍張照，我求之不得。

我也請這位有型的伯伯拍照一張，讓我好好記下這四月天的偶遇。

愛情脆弱，可以一閃即逝、不留痕跡。

感情卻絕非沒痕跡的戀愛，而是走過一生的甜酸苦辣，你的生命終於沾上一點點的我，我的生活又總附著一點點的你，揮之不去，再分不開。

5.2 | 如果愛

五歲孩子在一個婚禮聽到 *Perhaps Love* 這首經典老歌，嚷著要學，於是我準備好樂譜，先為他唱一次。

「這首歌有很多 love 呢。」這是他對這首歌的第一感覺。

「對呢，所以這首歌的名字叫 *Perhaps Love*。」

「Perhaps 是甚麼意思？」

「意思是『如果』，你腦袋想到一些事情，未真正發生，但它可能會發生，或者你希望這事情會發生。」我嘗試用他明白的字彙解釋。

「Perhaps……love is……like a……window……意思是有一扇心形的窗嗎？」十分有趣的解讀。

「不是啊！因為愛由心生，而有人說我們的心就像一扇窗，要將這扇窗打開，愛才可以在從心裡自由出入。」

「那扇窗需要抹嗎？」

「唔……也需要吧，哪會有人喜歡骯髒的窗戶。」

聽我這麼一說，孩子將手放在胸口邊掃邊說：

「抹抹抹，很乾淨了！」

「真好，所以除了保持身體清潔，心也要保持乾淨，才能裝下美好的東西呢！」看著他天真的舉動，我的心也融化了。

孩子的心似玻璃，雖然易碎卻通透清澈，所以才容得下兼受得起世上最美好的東西。

如果我們都能像孩子般直接簡單，愛可能會來得比較容易。

5.3 | 永遠的長度

繼續跟孩子唱 *Perhaps Love*，雖然有些歌對小孩子來說比較艱深，生字很多，但也很享受跟他們逐個字解釋。平凡的字，用孩子的方式演繹，常常令人有所領悟。

「Forever⋯⋯是甚麼？」孩子指著樂譜問。

「是永遠的意思。」

「永遠是否即是很久很久？」

「說得沒錯。」

「那其實即是多久？一萬年嗎？」

「比一萬年更久。意思是不會停，一直一直下去。」沒想過解釋何謂永遠比想像中難呢。

「啊！我知道了！」他靈機一動，然後用力吸了一大口氣，再發出「啊～～～～～」的聲音，大概五秒之後，那口氣用完了，於是再問我：「那算是永遠嗎？我剛才一直一直叫呢！」

「哈哈哈哈……但是你最後停下來了，永遠是不會停止嘛……」

「吓？但剛才的感覺已經是永遠了。」

一言驚醒。

既然是種沒有時限的概念，「永遠」又豈能用時間量度？用感覺做量度單位，或許更為準確。

心說是永恆，便是永恆。

5.4 | 優秀的園藝師

有位高中學生，原本已被英國名校取錄，但因為疫情關係，父母決定保留學位，延遲一年才讓她入學。

這位少女從小到大都是尖子中的尖子，溫文有禮，還要長得漂亮，前途無量。每次上課時如果媽媽不在家，她都會主動跟我談一點音樂以外的事情，上星期她說起留學。

「這陣子我在考慮不去英國，改去美國。」她告訴我。

「噢，是兩個完全不同的制度呢，要重新考過公開試，會否太吃力？」我問。

「考試不是問題，但爸爸媽媽應該不會批准。」

「也對，這樣重新來過，花費不少呢，但為何突然會有這個想法？」

少女突然漲紅了臉看我，明白了，於是識趣地代她答：

「男朋友會過美國嗎？」

「吓……好像是……不是因為他啦……他只是其中一個原因啦……」

「哦……那還有哪些其他原因？」我特地揶揄她。

「吓……呃……哈哈哈……」她答不上，繼續用甜笑遮醜。

不想被那份初戀的甜蜜淹死，也不想撕破那最後的矜持，唯有兜個圈說一個故事，希望聰明如她，會明白我的一點想法。

====================

從前有一位在馬房工作的女孩。馬群中，她最喜歡其中一匹灰色的駿馬。有一天，灰馬突然脫韁，衝了出去，女孩便立刻放下手上所有工作，拔足尾隨。

跑到荒野，灰馬早就不知所終，女孩也再跑不動了，於是無助地大哭起來。突然她摸到地上一顆種子，靈機一觸，便小心翼翼將種子埋在泥土裡，為它澆水。

以後的每一日，女孩都會把各種樹苗和種子帶到荒野。原來她決定將荒野變成樹林，希望有一天，灰馬會因為這片森林而歸來。

年復年，女孩專心打造出一片新天地，將荒野化成供旅人與動物棲息的綠洲，成為了一位出色的園藝師。雖然她沒有忘記初心，但已不再在意灰馬會否歸來，因為過程中她發現，尋找自己的感覺比追一個人的感覺更實在、更值得。

為他人而活，總有個期限；活出自己，才能變出無限。

5.5 │ 兩顆水珠

上星期在 IG 看見一位舊生上載了一張英國校園照，知道她在新學校安頓下來，替她高興，便給她傳了個訊息。我們談了點近況，她提到跟男朋友分隔兩地的事情，問我：

「那我應該等他嗎？四年不短啊。」

為免長氣，只簡短答了兩句，話題又略過了，心裡卻其實想跟她說個故事。

====================

從前有兩顆住在樹葉上的水珠，自幼相識，形影不離。晴天時，它們會一起躲在樹洞裡乘涼；陰天便到湖邊的石頭上聽風；下雨了，即使四周出現無數新來的水點，它們也總能在水窪裡一眼找到對方。

住在附近的大小水珠也覺得它們十分匹配。

一天，其中一顆水珠說：「我要去看看世界。你會等我嗎？」

「會的。」另一顆水珠回答。

「我回來的時候，就約定在山後的湖泊再見吧！」說罷便趁陽光普照時離開樹洞，跟其他水珠一起被蒸發，化成白雲，往未知的地方前進。

留在樹葉上的小水珠繼續獨自生活，依舊按著天氣流連於同一個樹洞、同一塊石頭、同一個水窪——它認為這就是等待。

小水珠也會定時望進水窪，確認自己的倒影跟別離時一模一樣，期待重聚的一天能被一眼認出——它認為這就是等待。

過了很久很久，它聽說最好的同伴終於要回來了！於是便趁陽光普照時走出樹洞，被蒸發到雲裡，再化成雨點，降落在約定的湖泊。

找了良久，小水珠也找不到昔日的同伴，終於它忍不住著急的大喊：「喂～小水珠啊～你在哪裡？我等你好久喇～」

「我在這裡。」湖泊裡傳來一把深低沉的聲音。

「哪裡？哪裡？我過來找你！」

「我就是你現在身處的湖泊。告訴你，那天離開之後，才發現山後原來並沒有湖泊，我便慢慢累積，終於由水滴變成湖泊，好讓我們可以遵守那個約定。」

小水珠沒有回應，只默默游到湖面，讓陽光把自己蒸發掉，
化成白雲，往未知的地方前進。

=====================

好友也好、戀人也好，如果停滯在只有彼此的世界，就只能
互相消耗直至灰飛煙滅。其實心裡知道相愛就好，各自追
夢，直到兩個人能由水點漸變成湖泊、再連結成為大海滋潤
大地，誰也不支配誰，才算得上真正的匹配。

5.6 │ 小紙條

孩子剛升上小學初期，需要適應的尤其多，相比起幼稚園，小學的課室較大、廁所較遠、椅子較高、書包較重，每天要面對的老師同學數目更是幾何級數上升……對於那個年紀的孩子來說，相信是個震撼的體驗。

學期初的某天下課後，有位孩子手裡拿著一張紙和一支筆來找我。

「音樂老師你好，其實你叫甚麼名字？」雖然剛才說再見時喊過我的名字，他似乎已即時忘記了。

「Ms Yu。」

「串法是 Y-O-U 嗎？」

「不是，是 Y-U。」

「OK！請你等我一下。」

他用鉛筆在紙條上預留好的位置填上我的名字，然後抬起頭笑咪咪地說：

「Ms Yu，送給你，我很喜歡音樂課，我很喜歡你！」

我望著孩子，笑了，卻發現自己也一樣叫不出他的名字，於是回答：

「我也喜歡你。可以告訴我你的名字嗎？」

人與人之間的感覺就是如此微妙。

有時候，相處一生卻不相知；有時候，即使忘了彼此的名字，甚至還未看清對方的樣子，都已經足夠去很愛很愛。

5.7 | 半溶的拖肥糖

有位學生跟好朋友吵架，希望和好如初卻不願先啟齒，於是我提起她四歲那年發生過的一件事。

那時小小的她性格內斂、不善辭令。一次上課時把拳頭捉得特別緊，似乎比平時更緊張。無論大家如何興高采烈地玩遊戲，她都只靜靜坐在一角觀望。既然用盡方法都不得要領，就只好由她。

四十五分鐘過去，下課了。她的拳頭依然捉得緊緊的，我只好跟她媽媽如實報告。

「今天她顯得有點緊張，大部分時間在旁觀察，沒有參與。」

「噢，今天怎麼了？你不是說好喜歡唱歌嗎？」媽媽溫柔地問，然後發覺孩子正握緊拳頭，「咦？你手裡拿著甚麼？」

聽媽媽這麼一問，小女孩竟然不知所措地大哭起來。

「哎呀，還拿著送給老師的糖果嗎？讓媽媽看看。」

小手張開，放著一粒已被壓扁的半溶拖肥糖。

原來她打算送我小禮物，怎料盤算了整整一堂，都想不通到底應該怎樣開口、如何送。

有些孩子就是如此敏感細膩。

「是送給我的禮物嗎？」我走近她輕聲問。

小女孩哭著點頭。

於是我張開右手，接過黏黏暖暖的拖肥糖，心也融化了。聽到我說了聲謝謝，小女孩終於為自己達成任務而破涕為笑。

愛很簡單，說愛卻出奇地困難。多少次，我們為了愛與不愛而耿耿於懷，但其實只要願意把手稍稍鬆開，便會發覺原來天不會塌下來，然後就會記起，人要釋懷才能找回當初的微笑。

5.8 | 廁紙一角

有次離開課室後，一位孩子追上來，說要將一角廁紙送給我。雖然不明所以，但也先謝過再問個究竟。

「謝謝你。其實這是甚麼？」

「是給 Gareth 的禮物。」

我登時恍然大悟。

Gareth 是一隻紅色小龍布偶，龍頭就只有乒乓球大小，是很輕便的教具。小一學生跟 Gareth 自第一課便相識，感情深厚。

我每天走進課室，都會聽到孩子問：「Gareth 在哪裡？」

由於那天的課沒有安排小龍的戲份，就沒有將 Gareth 帶回校，於是隨口編個傻傻的理由。

「噢，Gareth 的頭太小了！我找不到適合他的口罩，於是便將他留在家中。」

這話引得全班孩子哈哈大笑,有孩子還提議我應該去小人國的藥房找找看。

所以當聽到這位孩子解釋,這廁紙一角是送給 Gareth 的禮物便立刻明白了,他繼續認真的說:

「你可以將這廁紙一角貼在 Gareth 的臉上,他便可以戴著口罩到學校上課了!」

所以請大家不要介意,老師與父母的手袋和銀包裡,偶爾會跌出一些莫名其妙的「垃圾」。除了廁紙角之外,破紙船啊、閃閃寶石啊、香腸戒子啊、眼睛貼紙啊……都珍而重之地收過了。

這些小小的東西跟旁邊的鈔票和信用卡相比,價值更高呢!

5.9 | 瑞士媽媽的家教

暑假的時候獨自前往瑞士遊學,在日內瓦的舊城區逛了半天。肚子餓了便照當地朋友介紹,到訪一家燒雞店。

我點了一瓶白酒與半隻燒雞,配上自家製的醬汁的確十分美味。

吃到一半,有一位媽媽帶著兩位看起來約八、九歲的孩子在離我不遠處的四人桌坐下。我跟媽媽眼神接觸了一下,大家都禮貌地微笑點了點頭。

媽媽安頓好孩子後,向我這邊走過來溫柔地對我說:

「你好,我看你一個人吃飯可能會感到孤單。我們這邊有一個空位,如果你不介意,不如過來一起吃。」

於是我不客氣了,拿起白酒瓶走過去坐下,先為媽媽倒酒,再向孩子打招呼。那半瓶酒的時間,我們分享了很多有關自己居住地的事情,孩子雖然不諳英語,但也禮貌地聆聽。說話的內容十分瑣碎,記不起了,但那天的溫度卻依然記憶猶新。

幸運是我，一個人在旅途上，總會遇上數之不盡的好人好事。

瑞士媽媽簡單一個舉動、一個邀請，受惠的不只是我，兩位孩子看在眼內，也瞬間長大了。

5.10 | 迷路了

在芬蘭進修期間拜訪當地學校，首先參觀的是一所位於赫爾辛基周邊住宅區的幼稚園。

事前大安旨意，沒有仔細看地圖，拿著十三個字母長的芬蘭語街名，便上了巴士。一下車開啟手機，按幾下便後悔了，因為訊號很弱，下載地圖不果。

一個人站在陌生的街頭感覺不知所措，唯一肯定的，是幼稚園就在十分鐘路程之內，於是靠直覺走，祈求自己會誤打誤撞找到那條十三字母街道。

走了幾分鐘，快要遲到了，當我感到愈來愈擔心時，遠處出現一輛正在慢駛的汽車，於是硬著頭皮把車截停，冒昧問路。

司機是一位媽媽，後座的安全座上坐著一位三、四歲的女孩。

媽媽打開車窗，看看我手裡的地址，歉意地搖頭，然後她看了手錶一眼便說：

「上車吧！我們一起找！」

萬分感激，我立即跳進車廂。

媽媽繼續慢駛，在內街兜了約五分鐘，十三字母街名突然出現眼前，我倆一起興奮大叫：「There！」

街道比街名短，幾秒之後，車停在幼稚園大閘前，時間剛剛好。

在道別前我先道歉與道謝，因為我的冒失可能耽誤了她孩子的上學時間，所以很感激媽媽的仁慈。

芬蘭媽媽的回應很深刻：

「Don't worry! School is important, but this is important too! That was also school for her!」（不要緊，學校固然重要，但這種事情也同樣重要呢！對她來說也是學習的一部分！）

說得好。

正因為媽媽沒有自掃門前雪，能將心比己，才能為女兒種下守望相助的一課。

真正的教育並不在那朝令夕改的制度與政策裡；最好的教育往往就在人與人之間、就在生活之中。

相信教育的人自然會明白，所謂「學校」，其實可有可無，因為「學校」理應無處不在。

5.11 | 菠蘿叉燒包

有次跟一班長輩飲茶，同桌還有一位不太相熟的朋友與她十五歲的女兒。甫坐下，這位女兒先自行點了一籠叉燒菠蘿包，我想她一定很餓了。

侍應將一碟三個的叉燒菠蘿包放到轉盤上，那位女孩大概沒有為意我正在夾起在我面前的蝦餃，就迅速地將叉燒菠蘿包轉到自己面前。

我下意識吃了一驚，因為回想兒時如果我如此大意，一秒內必定會被長輩用筷子一下打在手背上。於是我望了她媽媽一眼，見她無動於衷才放心下來，因為我也不想鬧得尷尬。

菠蘿叉燒包吃得多，這位女孩的吃法倒是第一次見。她先吃掉包面那塊甜甜的脆皮，然後在包頂開個洞，再將入面的叉燒餡料如尋寶般挖出來吃。尋寶完畢，她便將剩下的麵包攤在檯面。她再重複以上步驟兩次，將碟上三個菠蘿叉燒包吃掉。

有長輩看在眼內，皺了一下眉，女孩的媽媽見狀便立即說了句：「大家想吃的話，我們再點。」

飲茶充滿學問。小時候總不明白，為何無論我夾籠內的第一顆點心或最後一顆點心，爸爸媽媽都會有微言。然後開始觀察何時吃一口、何時喝一口、何時為別人添菜、何時為別人倒茶等餐桌禮儀——原來飲茶並非為了吃飽，而是一種在其他餐廳找不到的愉快互動。

快樂有不同的層次，滿足口腹之慾是一種快樂、能夠細看人生百態也是一種快樂、能夠將心比己又是一種快樂。自私自利、一味捍衛自己收成的人，眼中只會看到自己的利益，自以為威風，卻不知道爭取回來的不過是世上最淺層的快樂。

5.12 | 洗茶杯

趁飯腳未到便洗洗桌上的碗筷。

每次做這個動作，都會想起兒時跟爺爺嫲嫲同住的日子。

每天清早，爺爺會拖著我上茶樓。一坐下，他總會不厭其煩說一遍：「你別碰那個茶壺啊，入面盛著滾水，一碰就會燙傷。」

然後他便將茶壺裡的茶倒進碗裡，將茶杯、筷子與湯匙逐一洗乾淨。

小時候看在眼內，十萬個不明白。剛才明明說是滾水，著我不要碰，爺爺為何卻可以將指頭浸在碗內洗東西？

他的皮特厚嗎？他不怕熱嗎？

還是爺爺在撒謊，茶壺裡的水根本就不燙？於是有次想偷偷用小指頭點一下碗內熱水試水溫，即時被罵個半死。

長大後第一次在茶樓裡被爸媽吩咐洗淨碗碟，將指頭浸在熱水內一刻，終於明白那是怎樣的一回事。

現在一有機會就會搶著做，除了感到指尖一點刺痛，還有滿滿的思念與敬愛。

要善待身邊每位會面不改容地為自己吃一點苦的人，因為他們都是天使。

5.13 | 一碗藍莓

五歲的 Beatrice 對小肌肉控制不太好，我曾建議她媽媽讓她做些小家務，能鍛鍊肌肉之餘亦可學習幫忙家事。

一次走到屋裡，見到 Beatrice 正在飯桌前用廚房紙抹藍莓，任務是要將大碗裡約二十粒藍莓抹乾，再放進旁邊的小碗裡。

「你趕快把餘下的藍莓抹完，別讓老師等太久。」媽媽吩咐完畢，便如常走回睡房，不妨礙我們上課。

這時 Beatrice 的勢色顯得有點鬼祟，她往媽媽的房間方向看了一下，確認房門已經關上，便拿起裝著藍莓的大碗通通倒進小碗裡。

「喂喂喂！你怎麼了？媽媽吩咐你將藍莓逐粒抹乾，不能這樣欺騙媽媽！」我看不過眼，於是立即提高聲線跟她說明。

「真麻煩。其實將藍莓放在碗裡一會便自然會乾。」Beatrice 當然不明媽媽的用意，所以面露不悦。

「問題不在藍莓會不會乾，而是你沒有守承諾。既然應承了

媽媽，便得把工作做好。你這樣做欺騙了媽媽，是不誠實。」
這次我更嚴厲地直接責備她。

Beatrice 低下頭，顯得有點難受，但看得出她明白我的意思，
於是我提出補救方法：

「你看，原本已經抹乾的藍莓又被弄濕了，浪費了剛才認真
做時的心機。這樣吧，我們一起抹、一起把事情做好，好不
好？」

她點點頭，輕聲說：「我抹多一點，你抹少一點。」

作弊的輕而易舉令誠實更顯難能可貴。

孩子很容易就會發現，作弊有時確實可以賺來一點便捷，可
是誠信卻是一個人最有價值的資產，破產一次，要賺回原有
的信任幾乎是不可能的事。所以不能輕視小如藍莓的一點失
誤，只有一次一次深刻地學，孩子長大後才會有賺取別人尊
重的資格。

5.14 | 高人姐姐

一次上學途中，遠處看見我認識的五、六位幼稚園生聚在車站旁的一棵樹下，吱吱喳喳好像有甚麼新發現似的。

於是我好奇走過去，探頭一看，原來孩子正在注視樹幹上幾顆成人拇指般大小、灰黑的東西，有位工人姐姐說：「是蝴蝶蛹，剛才有經過的媽媽說見到蝴蝶飛出來。」

我也從來沒親眼見過蝴蝶破繭而出，於是便留下跟孩子一起見證，果然見到有兩顆蝴蝶蛹在動呢！

等了一會，還未見蝴蝶的蹤影便聽到有位姐姐說：「別看了！快要遲到！跟我走！」其他姐姐見狀，看看自己的手錶，也拉著自家的孩子一起離開了。

只有一位孩子跟姐姐留下，繼續靜靜蹲著，靜候蝴蝶出現。

「不擔心遲到嗎？」我提醒一下。

「不擔心。偶爾遲到不要緊，這是千載難逢的機會，怎能讓孩子錯過？」姐姐笑著說。

於是我蹲在他們旁邊，說起毛蟲的故事。不消一會，其中一顆蝴蝶蛹開始有動靜了！一隻有白色斑點的蝴蝶翼首先破繭而出，然後牠左搖右晃了一會。

終於，噗一聲，蝴蝶飛出來了！就在那瞬間，我們三個同聲一叫，孩子隨即拍著手，那是多麼珍貴的時刻。

然後姐姐拖著孩子離開，從容地慢慢走，繼續說著蝴蝶的事。

我看著一大一小的背影，覺得這位孩子真幸運，拖著他小手的，是一位比許多老師、家長更明白何謂教育的高人呢！

5.15 | 樹下的小提琴手

比原定上課時間早到了二十分鐘，於是坐在學生家旁邊的公園等候。看見這位七、八歲的女孩拿著小提琴與譜架走到大樹下，然後將小錢箱安放在地上，開始拉奏。

現場音樂當然比預錄的吸引，於是除下耳筒細心欣賞。

音樂有價，無論在哪裡遇上街頭樂手，都必會上前打賞。小女孩拉完兩首歌，我便走過去將十元紙幣放進小錢箱。

「多謝！多謝你！」小女孩顯得十分驚喜。

「我也很喜歡 Canon in D 呢！」我說。

「你知道那首是 Canon in D ？」女孩有點詫異。

「我聽過啊！其實我是音樂老師。你學了小提琴多久啊？」

「七個月。」

「噢，那你拉得十分不錯！我想你必定十分努力練習。在公園裡練習真是個好主意，可以讓其他小朋友聽音樂呢！」

「對，媽媽說在天氣好的日子，我便可以到室外練習！」

一小時後，我下課了，再路經公園。小女孩依然在奏，不過換了個位置，旁邊還多了兩粒豆釘觀眾。

這是音樂教育裡我最喜愛的一個畫面：是成全，也是承傳。

音樂，除了注重質量，應更重分享，就這樣一代人影響一代人，任何音樂都不會老、不會死。

5.16 | 牛仔

到小書店尋寶,雖然找不到一直想找的詩集,卻遇上幾本絕版的《牛仔》漫畫,一秒闖進回憶的時光隧道。

爸爸喜歡看書,經常光顧樓上的小書店,記憶裡有不少尾隨他爬上唐樓樓梯的畫面。兒時每次到訪小書店,我都皺著眉頭。

首先是樓梯傳來奇怪的氣味，看著爸爸推門進去的感覺是神秘裡帶點不安，走慢一步就會被迅速關上的木門撞到手臂，很痛。

走到店內，剛才的怪味被書的氣味蓋過，心情稍稍放鬆。抬頭往狹小的店內一看，正在翻書的人不少卻異常寧靜，返回眼睛水平視線範圍，滿目盡是大腿與屁股，感覺無奈。

不敢打擾正在選書的爸爸，明知沒有兒童書，也踮起腳尖、用力把頸伸長，姑且看看書架上有沒有吸引的封面。隨手拿了一本封面稍有色彩的打開，中伏了，全部是字，沉悶得很。

然後眼界漸漸長高長闊了，開始不介意全部是字的書，更愛上漫遊在小書店及二手書店內的窄巷之間。

呼吸著梯間由奇怪變成熟悉的氣味與店內十年如一日的書卷氣息，一切猶像昨天，唯一的不同就是木門變輕了。

啊，還有視線水平望見的，不再是大人的屁股，而是其他讀書人的臉。

明明跟他們素未謀面，感覺為何似曾相識呢？

5.17 | 公主雨傘

某個星期天,跟朋友約好參加在維園舉辦的集會。記得那天陰晴不定,午後不時下起滂沱大雨,我們一行四人在恆生總行乘坐十號巴士前往銅鑼灣。

巴士沿著德輔道轉入遮打道,經過皇后像廣場之際,突然下起傾盤大雨。

「這次慘啦!我沒有帶雨傘。」同行的一位男士隨即說。

「吓?不如我們提早一個站下車,陪你去買把雨傘吧。」我提議。

巴士轉入禮頓道,雨就停了,我們一行四人便提早在摩利臣山道下車,拐進窄窄的勿地臣街。沒帶傘的那位匆匆走進一間士多,不消兩分鐘便拿著新雨傘走出來。

是一把灰姑娘的小童雨傘。

我笑了,對他「吓?」了一聲。

「沒所謂啦!橫豎要買便買一把女兒喜歡的,今晚帶回家送給她。」

這位看似粗心大意的爸爸真可愛。

我們起行，走出軒尼詩道，好不容易才能加入前往集會的隊伍，滿目的同路人雙腳雖然濕透，內心卻是熾熱的。

天又開始下雨，各人將雨傘撐起。灰姑娘雨傘的粉紅色荷葉邊，跟朋友略胖的背影相映成趣。雨傘太小，雨點不斷打在他早已濕透的衣領上。他沒有為意，只繼續低頭按電話，隨大隊緩慢前進。

其實豈止選雨傘這種小事？可以肯定這位爸爸為了家中那位小公主，甚麼也願意押上，這大概也是他那天選擇放棄家庭日、與人潮同行的原因。

天下的好爸爸、好媽媽都一定覺得，只要孩子好，自己差一點也沒關係。

從來要討好爸爸甚艱難，無論是父親節送禮還是生日請他吃好的，他都顯得不太在意，連禮物也不會多看幾眼。現在終於明白，其實在我們出生當天，爸爸已收下那份一生中最耐看的禮物，從此眼睛再離不開。

所以，父親節真的不用鋪張，只要能夠出現在爸爸眼前，讓他看看自己的臉，讓他知道你過得好，已經是最佳的禮物了。

Chapter 06

「這樣算不算厲害？」

停課期間的音樂課,一直以預錄形式發放,欠缺互動,所以當被安排視像直播,十分高興。雖然依然不及實體課的體驗,但起碼為教學注入互動。

聽過很多老師與家長提及有關網上授課的煩惱。總括而言,最大的障礙當然是那個長方形熒幕,活動空間被限制之餘,對眼睛尤其有害。

於是設計了一些遊戲,希望令孩子意會到,那個框框,限制不了我們。

其中一個遊戲是幻想我們往深山探險。夜已深,不能驚醒熟睡中的猛獸。我們走著走著,突然傳來音樂聲,但當我們停步,音樂聲就停止了。原來樂聲正在給大家提示,應該何時動、何時停,跟著音樂便能找到出口!

故事說到這裡,孩子已經完全入戲。深山很大,要大步走,走出熒幕是無可避免的呢。說著說著,我自己也漸漸遠離熒幕,往深山那邊去了。

音樂響起,孩子顯得有點緊張,生怕吵醒猛獸,於是躡手躡腳地走。

有孩子轉身走了幾步，發覺房間太小了，於是打開房門，一直走了出去；有些孩子箭步跑過了廚房，也有孩子誤以為我吩咐大家扮演深山裡的動物，跳到床上扮鱷魚爬行。

彈了約十六個小節之後，屏幕空空如也，再見不到孩子在鏡頭前的大特寫，我便安心了。

想像是無限的，所以站在任何限制之前都可以保持強勢。

記得曾經有學生在失意時給我發訊息傾訴，言談間，他傳了一張「When life gives you lemons, make lemonade」貼圖自我安慰。

我想了想便回覆説：

When life gives us lemons, we don't just make lemonade,
we add jelly, fruit chunks, syrup, and soda into it.
Make fruit punch.

那個框框的確很惱人，但與其視它為敵人與障礙，不如將它變成一個工具。

只要繼續敢想敢作，就能將規限化成無限。

6.2 | 輪椅

上視像音樂課的時候，常常鼓勵孩子要走出熒幕，多靠耳朵聽指示。

有一次我們隨著音樂走到森林，熒幕上的大部分孩子都已經走到鏡頭範圍以外扮演著心目中的角色，唯獨有一位女孩動也不動，一直留在鏡頭前舉著手。第一輪遊戲，我沒有理會，暗暗希望她見到同學們都走出去，便會跟著做。

誰知第二輪遊戲開始了，她依然動也不動把手高舉。我只好稍作停頓，先聽聽她有何要求。

「Ms Yu，其實我坐在輪椅上，可以怎樣玩？」女孩子一臉天真地問。

聽罷，一陣內疚隨即湧上心頭，立即怪責自己在設計遊戲時忽略了這件事。

然後靈機一觸，將遊戲稍微修改，讓坐在輪椅上的孩子也能參與遊戲。

「啊！我們可以將手指當作雙腳，身體則是森林……你們看

看我……這樣……從頭頂走啊走到肩膊……然後走到耳朵……音樂停下,我們可以停在鼻尖!這樣玩也很有趣呢!」

看著我帶著十分歉意的滑稽示範,孩子們笑了,隨即返回熒幕前跟著做,隨著音樂用手指在身上遊來遊去,場面趣怪,也很有愛。

可以跟同伴一起學、一起做的感覺是難能可貴的。

第二輪遊戲完畢,坐輪椅的女孩再舉起手。

「Ms Yu,我想試試站起來用拐杖跟其他同學一起走去森林。」

我當然説好。琴聲再次響起,這次熒幕上所有孩子都消失於鏡頭前,一起往森林探險去。

然後再三提醒自己:教育是一個都不能少。

6.3 │ 藝術談

許多歌曲在作曲家在生時並不流行，但到他們死後多年卻開始興起，備受愛戴。有次跟十一歲的學生談及這現象，他似乎顯得很有興趣，將話題拉到藝術去，更問起梵高的事跡。

「對呢，梵高也是一個例子。當他在生的時候，人們覺得他的畫風奇怪，跟當時盛行的風氣格格不入，所以完全沒人問津。到他死後，才有人開始留意他的作品，現在一幅梵高真跡的價格以百萬千萬計。要是當時他沒有堅持自己的風格，隨波逐流，今天我們未必認識這位大師呢。」我告訴他。

「你意思是梵高的畫比梵高還老嗎？」他總結一句。

「說得沒錯，許多藝術作品本身的壽命比創作者的壽命長。畫作、音樂、建築等作品可以一直流傳幾百幾千年。」

「那 *Banana on the Wall* 呢？有人將那隻香蕉吃掉了，就不能流傳下去喇！」他反駁。

他說的是 2019 年意大利藝術家在一個展覽中展示那隻被膠紙貼在牆上的香蕉，售價高達十二萬美元，成為一時佳話，想不到這孩子也有留意這則新聞。

「哈哈。有些藝術品令人覺得有趣的地方，並不在於實物本身，而是在於背後的概念。雖然展品被銷毀了，但當時那件藝術品在網上瘋傳，也引起廣泛討論。換言之，這種話題之作已被轉化到人們的思維與行為上流傳，就如你現在也會拿來討論一樣。」

「那 *Girl with Balloon* 呢？」他再舉例詢問。

「你是指 Banksy 在拍賣時碎掉的那幅畫嗎？」

2018 年，在蘇富比的拍賣會上，這幅畫作在拍賣一刻，在眾目睽睽下被預設的機關碎掉，也是一則轟動一時的新聞，十分欣賞他能一下子在適當時機提起問題，這回對話愈來愈有趣了。

「對，那幅畫碎了，不再完整，其實還算不算是藝術？」孩子有時就是能問出這麼一針見血的問題。

自問不是專家，唯有盡量將自己的感受化作答案：

「唔……我覺得 Banksy 大部分的作品都是概念重於畫作本身。如沒有記錯，碎紙那舉動是 Bansky 自己策劃與執行的，所以我會解讀成一個創作的延續。藝術世界大概沒有規定何謂『完整』。因為藝術並不是一幅被畫框限制的畫作，而是

一種令不同人接觸後產生不同感受的食物或概念。這是我的理解，不知你同意不同意。」

他點了點頭，若有所思的模樣。

很喜歡藝術裡的討論，我當然不介意他認同與否，只暗自希望他能繼續發問推敲，建立屬於自己的一套。

能認真看待作樂、看畫、寫字、唸詩等藝術領域，一定能在生活裡發掘新鮮事物與觀點，連人生也會變有趣呢。

6.4 | 倉鼠與月亮

姪兒剛滿三歲，牙牙學語，自然是家人的心肝寶貝，最愛聽故事。有次我正在看《村上收音機》，因為他看到裡面附有插圖，便以為是圖畫書，嚷著叫我唸給他聽。

「講故事！講故事！」

「好，不過這本是散文，不是圖書呢。」

「我想聽這個！」他指著書裡其中一幅大橋步先生畫的精美插畫。

「也好，這本是村上春樹寫的書，要不要聽？」

「哪位倉鼠寫的？」他將先生的名字弄錯了。

「不是倉鼠啊！是村上春樹啊！」我沒好氣地說。

「我想聽蔥樹蔥鼠。」發音還是差很遠。

「是村。上。春。樹。你好好地慢慢唸一遍我就給你唸。」我特意字正腔圓地示範一次。

「我想聽村～上～倉～鼠～」見他已經很努力地嘗試便放他一馬。

隨手打開一頁，剛好是大橋步先生模仿名畫《吶喊》所畫的一幅插圖。

「這幅畫是學 Munch 畫的畫。」我為他介紹。

「那個 Moon ？」

「不是 Moon 啊，是 Moo-nk，一位畫畫的叔叔。」

姪兒似乎沒有在聽，自顧凝視著插畫，幾秒後終於得出結論。

「叔叔好害怕，他這樣做，你們看我！ Moon 很害怕！」說罷他便用雙手按著自己的臉頰，張開小口，模仿《吶喊》的表情。那圓圓的臉蛋的確有點像月亮，卻跟畫作的主題格格不入，弄得家人都笑了。

最好的教材從來都在日常生活裡，通常隨手拈來、就地取材就能活出一個值得記下的故事。你一言我一語、嘻嘻哈哈地，不知不覺又長大了！

才三歲嘛，是春樹還是倉鼠，是月亮還是蒙克，其實都不要緊。只要好好保存那份求知的熱愛，知識便會自然來。

6.5 | 麻雀

疫情下停課已久，學生對恢復面授課顯得十分雀躍。我也特地為孩子設計了不同的遊戲，讓他們重拾群體活動的歡樂。遊戲完畢，我總結說遊戲有不同的種類，有些遊戲為一人設計、有些為小組設計，也有些為大夥兒設計，從中會找到不同的樂趣，希望鼓勵孩子不要一味只玩一種遊戲。

「就像打麻將啊！那是一種小組遊戲，只可以四個人一起玩。」有孩子舉手為大家分享這個例子。

「甚麼？『打麻雀』？為甚麼要傷害小鳥？」我突然心血來潮希望捉弄一下大家，於是裝傻，看看孩子有甚麼反應。

「哈哈哈哈哈……不是傷害小鳥啊！Ms Yu 真傻！你是大人，怎麼會不知道打麻將是甚麼？」大部分孩子一起哈哈大笑。

「沒有小鳥，打麻將是一個遊戲，四個人坐在桌子旁玩……」坐在前排的孩子看我一臉無知便認真地解釋。

「坐在桌子旁打小鳥嗎？」我繼續裝傻，一臉驚訝地問。

「哈哈哈哈哈……不是啊！！！！！」這回孩子一起笑得更厲害。

「Ms Yu，沒有真正的小鳥！只是一個遊戲，你明不明白？」另一位孩子高聲告訴我。

「噢……明白了。那打麻將是一個怎樣的遊戲？」我等大家安靜下來便繼續問。

所有孩子想了想，到底要如何讓眼前這位傻老師明白。終於有兩位孩子把手舉起。

「首先你要將一些方塊疊成一座城堡，然後將方塊用力投在桌子上，攻打敵人。」第一位孩子這樣說。

「對，有時候你要大叫一下，嚇一下敵人。」第二位孩子回憶著說。

我聽著孩子對麻將的見解，覺得十分有趣，但我也沒有忘了自己在演戲。

「噢，原來如此！似乎是一種戰爭遊戲呢！所以打麻將不是要打小鳥，而是用那些方塊攻打敵人？」我嘗試下個結論。

「對喇～～～總算明白了！」孩子們終於鬆了一口氣。

「那怎樣才算贏？」我再追問。

這下子孩子們被考倒了，似乎沒有人知道答案。過了半晌，有位孩子舉手說：

「大概是最後能獲取最多方塊的玩家勝出。」

我當然沒有即場更正他，或告訴大家真正的玩法，因為那些事情遲早學會。再說，每個遊戲裡，所謂真正的規則與玩法，都是玩家自定的。要是大家同意「獲取最多方塊的人就是贏家」，遊戲便成立了。

難得恢復面授課，首先要追回的，並非課程與進度，而是這種你一言我一語、嘻嘻哈哈傻傻噩噩的時刻。

每個課室，在學習發生之前，應該先是一個能讓人儲蓄回憶的地方。

6.6 | 修理員

為了防疫，課室裡的每張桌子上都豎起了一塊膠板，膠板一般固定在兩個黏在桌面的小吸盤上。畢竟是臨時裝置，加上小一的孩子老是忍不住在無聊時推一下那塊膠板，膠板突然倒下的情況屢有發生。

一天走進課室，孩子們緊張地向我報告：

「Ms Yu！剛才紅色桌子上的膠板倒下來！打到那位同學的頭呢！」停課太久，很多孩子已經忘了彼此的名字，只能彼此稱呼為「那位同學」。

「噢，沒大礙吧？」我看看坐在紅色桌子上的孩子若無其事地望天打卦就放心了。

「是剛才中文課時發生的事！老師説他會找人前來修理。修理員可能會在我們上音樂課的時候前來！」另一位孩子向我匯報。

原來如此，幾位孩子走到我面前七嘴八舌説了幾分鐘話，其實是要告訴我待會有修理人員到訪。雖然是一件小事，但我知道孩子對上課時有人到訪，不管是誰，都會覺得十分雀躍

的，所以老師也要調整一下心情。

大概二十分鐘後，我剛好說到故事精彩處，一位工友叔叔拿著一些工具走進課室。雖然工友叔叔沒有發出任何聲音，但這樣一來，孩子的注意力就放在叔叔的一舉一動上。

情況有點尷尬，於是我先停下來。眼見有些孩子看膠板維修看得入神，有些孩子則皺起眉頭提醒旁邊的同學要專心上課，也有些孩子趁機作狀打架或喝一口水，當然還有幾個正在東張西望、還未清楚究竟正在發生甚麼事的傻孩子。

為了撫平這陣小騷動，我解釋一下之餘也給他們一個選擇：

「孩子啊，工友叔叔正在修理剛才倒下的膠板。其實我剛才說的故事還未完，但似乎有人未能留心。不如老師讓大家選擇吧：要聽故事還是看維修？」

「看維修！」孩子一致地說，突發事件當然比上課日常吸引。

「好，那我們一起看維修吧！」少數服從多數，我跟孩子一起靜靜地觀察。

工友叔叔的動作純熟，不消三十秒，便將膠板重新裝置好，

然後跟我點點頭，示意維修完成。我立即提醒孩子：「我們是否該說點甚麼？」

「謝謝～～」除了道謝，有孩子望著工友叔叔豎起拇指，有些浮誇的孩子更拍起掌來；工友叔叔笑著離開。

學校真是一個奇妙的地方，我們總會在最意想不到的時刻遇上突如其來的一課。

6.7 | 的士司機

每次聽別人談成功之道,都會想起現代思想家 Noam Chomsky 分享過的一件事。

某年先生身在瑞典,年紀老邁的他通常以的士代步。乘搭次數愈多,他便愈留意到一種怪現象。瑞典的士司機都出奇地友善,跟世俗對「的士司機」的刻板印象完全相反。

一次車程中,他終於忍不住詢問司機:「為甚麼瑞典的士司機都如此友善?」

前座的司機從副駕拿起一件 T 恤。老先生看了一看,笑了,因為 T 恤上竟印著自己的頭像,下面還附上他多年前說過的一句話:

> *What happens to people of independent mind?*
> *They become taxi drivers.*

現代教育的唏噓,就是在於這種「教育期望」與「社會期望」的錯配。

「學校」與「教育制度」這些來自上世紀的概念,目的是為

社會製造一批容易管理的倒模人口。所以無論我們如何大肆宣傳，「自由思想」其實是一個跟現代教育制度格格不入的宗旨。所以，每次反思「教育」的同時，也會不由自主地思考「反教育」——到底在這種錯配下，制度是否可有可無？

現代人追捧所謂最好的教育與最好的學校，其實並沒有為下一代提供一條成功之路，那些所謂「最好的」制度、機構與課程只不過透過潛移默化的規條，令學生避免成為一個失敗者。

結果，社會上平庸的人最多。

擁有自由思想、渴望打破制度的人，似乎只能跟那條公認的成功之路背道而馳。

那我們可以做點甚麼？畢竟要改變一個從上下壓的制度並不是能一蹴而就的事，所以除了控訴制度裡的不公平，可以由下而上做的，就是先改變自己狹窄的主觀思想，一起拉闊「成功」的定義，讓「自由思想」在裡面找到一個配得的席位。

6.8 | 承諾

有不少家長會跟我談起樂器練習這個話題，每當孩子彈得未夠純熟，大都會覺得原因是沒有盡力，所以常常鬧得不愉快。

記得有家長跟我分享過，一次生氣的時候跟孩子說：「當初是你承諾過會認真學琴，我才買這部琴回家。」

才五歲的孩子哭著問：「承諾是甚麼？」

媽媽聽罷才發現那不過是自己一廂情願的想法，大人的眼光及標準在孩子的世界並不通行。不過孩子雖小，但其實都有自己的一套標準。

曾經讀過一份有關樂器練習的研究，研究員分別問了媽媽與孩子有關練習時間的問題。孩子答：「二十分鐘。」媽媽卻說：「哪有？才五分鐘而已！」

總括而言，家長與學生的答案存在很大的差異。於是研究員再問深入一點，才發覺原來孩子跟媽媽的算法完全不一樣。

對孩子來說，練習由準備樂器的一刻算起：慢慢砌好裝備、

調音，已過五分鐘了；然後把需要練習的曲目放好在譜架上，看看老師上一堂吩咐要練習的功課，又過了五分鐘。認真彈奏五分鐘後，覺得足夠了，便用五分鐘慢慢收拾。

二十分鐘就這樣過去了。

至於家長，他們通常只算樂器發出聲音的五分鐘。

大人與小孩那十五分鐘的差異就在這裡。

認真再看，差異，又豈止這十五分鐘？

在談「期望」之前，我們有正視這些差異嗎？還是為了方便而將那些格格不入的期望硬銷給孩子，令他們覺得不安及不配？要尊重孩子替自己設下每個大小的目標，因為每一小步都是學會人生規劃的功課。

談到期望，記得有天下課後一位男孩子走過來問了我一條莫名其妙的問題：

「Ms Yu，你有去過美國太空總署嗎？」

「沒有啊。為甚麼這樣問？」

「沒甚麼，因為你是個大人啊，所以或許已經去過。」然後

他又走開了。

期望，從來都是雙向的，小孩對大人可能也有宇宙般高的期望，只是因為角色上的限制，他們少有能清楚説明。到他們無意中説出來，我們又會覺得不切實際，一笑置之，卻沒有自省，有時我們為下一代設下的某些期望，其實同樣可笑啊！

6.9 | 高音譜號

每逢學期初，我都會向孩子珍而重之地派發全新的音樂簿。

「孩子啊，現在這三十本空白的音樂簿是一模一樣的，可是當他們落入你們的手裡，便會變成三十本與別不同的本子。有時候，老師會吩咐你們抄下一些筆記；有時候，老師會叫你們在音樂簿內創作；但即使老師沒有說，任何時候，當你們有甚麼有關音樂的東西想記下，也可以隨便使用這本音樂簿，不用詢問老師。明白了嗎？」

從來都相信，要孩子投入一個科目，首要的就是在這些細節上，給他們一點擁有權及自主權。

「可以畫畫嗎？」有孩子舉手發問。

「當然可以，只要是跟音樂有關的都可以。」我回答。

「譬如畫我在彈鋼琴，我懂得彈鋼琴。」另一位孩子舉例。

「說得對，也可以畫大笨象在唱歌呢！」我希望他們也能乘機發揮想像。

「但是大笨象唱歌很難聽呢！」笑聲中有孩子這樣說。

「不要緊，只要是想起有關聲音的事情，都可以記載在本子裡。」開始留意聲音，便是學音樂的第一步。

「放屁也是聲音啊！可以畫放屁嗎？」挑戰底線向來是孩子的專利，淘氣的小鬼引得全班哈哈大笑。

「可以、可以！都說這是你們的本子，只要是你覺得合適，又希望記下的都沒問題。」我看看時鐘，還有五分鐘就下課。既然教案已完成了，便讓他們在本子上寫下名字，並用餘下的時間在音樂簿的封面及內頁畫畫。

孩子安靜地畫畫，有的畫音符，有的畫樂器，有的畫大笨象唱歌，說要畫放屁的淘氣鬼最後選了畫恐龍咆哮。

安靜的氣氛突然被身後一陣「嚓嚓嚓嚓嚓」的聲音劃破，轉身見到遠處有位孩子正在用鉛筆將封面內頁塗黑，鄰座的孩子見狀就跟他說：

「你做錯了！不是塗顏色啊！要畫有關音樂的東西啊！」

塗顏色的孩子沒有理會，繼續「嚓嚓嚓嚓嚓」。同組的其他同學也開始看不過眼，開始議論紛紛。

於是我走過去平息一下，正想開口提點之際，眼見塗顏色的孩子停下來，拿起擦膠，在一片漆黑的內頁擦出一個巨型高音譜號。

下課鐘聲剛好響起，孩子們看見那個白色高音譜號，便再次安靜下來，那回「嚓嚓嚓嚓嚓」的聲應該被深刻地記住了。

6.10 | 再來一次

有位自小很喜歡唱歌的學生，卻算不上是特別有天分的孩子，還會因為自己沙啞的聲線而自卑。記得她四歲的時候，看見別人做得好，便會露出一副羨慕中帶點酸溜溜的表情，有時還會直接說：「比起別人，我真的唱得很差。」

與人比較無益，所以我一直鼓勵她先認識自己聲音的長短處、慢慢來。畢竟學藝的路漫長，天分其實不能帶得我們很遠。始終相信，人面對真心喜歡的事情，必然會下苦工。最後即使未必做到世界之最，也一定可以做得比那些只靠天分走路的人優秀。

這女孩個子小小，對自己要求卻甚高，每次稍有犯錯，都會皺眉直接暫停說：「不行，不如從頭再來一次。」唱一首歌，對年紀小的孩子來說，重複一、兩次便會嫌悶，她卻會不厭其煩地唱足半小時，務求做到盡善盡美。雖然還未練成歌唱家的嗓子，卻已經散發一份藝術家的執著。

就這樣不嫌麻煩地改正、重做、改正、重做……她便不知不覺進步了，指的是聲音，也是那不再酸溜溜的模樣──從努力中榨取的那份自信來得很慢，卻是最牢不可破的。

心血來潮寫下這篇，其實是想跟替我出版第一本書的出版社說聲「生日快樂」。本來打算送些甜點過去祝賀，但想了想，還是送上文字與歌較為合適。

大城市裡小小的獨立出版社與書店，都好比這位小孩子，沒有龐大的後盾支持，靠著一份讓文字傳開去的願景，即使外頭如何風高浪急都站得住腳。

這些都是夢想的威力吧？

因為喜歡，所以努力不懈，
因為有夢，所以自信滿滿。

能夠遇上，真夠幸運。

6.11 | 櫻花樹

有位性格比較害羞的九歲學生，聲音十分漂亮。可惜容易緊張，很多時都未能發揮應有水準。多少次，一開始胸有成竹地放聲唱，遇上一點瑕疵就會開始自責，信心盡失，只能弱弱地完成餘下的部分。

某次出錯特別多，唱完她一臉無奈。

「覺得自己做得不好，對嗎？」我問。

她洩氣地點點頭。

「的確有可以做得更好的地方，但其實也有做得不錯的地方。不要只看見自己的缺點。」這番話已經跟她說過多遍，她依然聚焦缺點。

「感覺唱得比其他人差。」這天她比平時多說了這句感受。

「啊，這裡就只有你和我，哪來其他人呢？」

「我不知道⋯⋯意思是其他唱歌的人⋯⋯」

我當然明白她的意思，但眼見她有點緊張，便先轉個話題緩和氣氛。

「你有看過櫻花嗎？」

「有，爸爸媽媽帶過我去日本看櫻花。」

「原來如此。櫻花漂亮嗎？」

「漂亮，我最喜歡粉紅色，但爸爸說櫻花樹開花的時間很短。」

「你爸爸說的沒錯，櫻花樹通常在三、四月左右開花，一年一次。你看櫻花的時候，有否留意旁邊還有其他品種的樹木？」

「有。」

「唔，其他的樹也十分漂亮呢，又高又大，更有不少一年四季常綠的樹呢。如果櫻花樹有眼睛，看見這種樹，你覺得會有甚麼感覺？」

「……唔……可能會很羨慕別的樹可以一年四季都常綠。」

「啊，可能會有這樣的感覺。你覺得這種比較有意思嗎？」

「沒有。又不是同一種樹！」

「對呢，每一種樹都不一樣。有長青的、有按季節開花的。如果櫻花樹只顧著羨慕別的樹，便會忘記自己其實都有獨特之處。我們無需自滿，但也沒必要妄自菲薄，認清自己的優點與缺點，才能談進步。現在試試再唱，然後告訴我做得好與做得不好的地方，可以嗎？」

「可以！」她含蓄地笑著回答。

接受自己的優點，有時是比想像中困難的事，我們總是忙著比較而無瑕欣賞自己。到學懂了欣賞，又未必能在自大與謙虛之間找到一個舒適的位置，所以每每提到自己的優點時，總有一點不自在。

秋來冬去，慢慢學習、靜靜沉澱，總有一天會像櫻花樹在叢林裡盛放，單純地在自顧漂亮的時候，找到一份自在。

6.12 │ 討論失敗大會

小一下學期，孩子們成熟了，彼此間的認識也加深了，於是開始跟他們玩些有勝負之分的遊戲。

其中一課，當我仔細講解遊戲規則後，有位女孩子突然伏在地上不願起來。

「請問發生甚麼事？」我摸不著頭腦。

「我從來都不玩會輸的遊戲！我最不喜歡就是這種遊戲！」女孩繼續將頭埋在地板上，演活了「鴕鳥政策」。

「為甚麼呢？」我靠近詢問一下。

「因為我常常輸，永遠都不會贏。」她聽見我的聲音靠近，便抬頭望著我回答。

「原來如此。如果你願意嘗試，可能會贏。」我希望鼓勵她參與。

「我已經十分努力了，即使我盡了力，還是會輸的。」她扁著嘴說。

我想了想，返回白板前，問大家一個問題：

「孩子啊，知道嗎？老師從小到大在游泳方面都十分遜色，小時候參加過的所有泳賽都輸掉了。其實我每次都有聽媽媽說要努力游泳，盡了力也未拿過一面獎牌呢。你們告訴我，我應該從此以後都不再游泳嗎？」

「沒可能！如果你突然停止游泳，你會沉下去的。」這孩子似乎不明白我的意思，但他說出這番話卻很有意思。

「不應該，因為其實游泳很好玩呢！」另一位孩子則一語中的。

「說得真對呢！我覺得輸也不要緊，因為我喜歡在水裡游的感覺啊！所以我希望你能先好好享受遊戲的樂趣。或許你會進步，或許你不會進步，但其實不要緊，起碼你會開始知道自己的長處和短處呢！」

有幾位孩子將手舉起，分享了一些寶貴的經驗：

「我不怕輸。我打乒乓球的時候通常都打不中那個飛過來的球，但每次打到都很開心。」

「對，我爸爸跟我下棋時，我常常輸，但他是個大人，當然

會贏。他説到我變成大人的時候就會贏他，因為那時他會變成一個老人家。」

「我四歲的時候，每次輸了都會哭，但是因為我已經六歲，所以輸了不再哭。」

聽到同學的分享，其他孩子都紛紛把手舉起。別看他們年紀輕輕，面對輸贏，其實已經建立了一套見解了。

如是者，餘下的十分鐘音樂課突然變成「一人一個面對失敗的故事」分享大會。

我跟孩子一起聽著彼此斷斷續續的分享。

直到鐘聲響起，是時候下課，原定的遊戲玩不成了。

不要緊，來日方長，人生課比任何預設的課堂珍貴得多啊！

6.13 | 不合身的短褲

暑假期間跟一位十一歲的女孩上課時,她顯得十分不自在,不停拉扯穿著的那條短褲。

「怎麼了?需要替換一下才繼續上課嗎?」

「不用。這條短褲是我自己縫製的,感覺有點窄,但還可以。」她一臉驕傲的介紹這件自家製成品。

記得暑假初期,媽媽見她在家無所事事,便吩咐她構思一個可持續的暑期計劃,可以是學一項新技能或搞一點創作。

六月尾,她打算作一首歌,幾天後,發覺自己沒太喜歡就放棄了。於是她又開始弄紙黏土模型,過了一星期,的確弄出很多製成品,可是發覺這興趣不能維持整個暑假。

到了七月初,她開始縫紉,不知從哪裡找來一些布碎,一針一針地縫啊縫。有次見她聚精會神,便問她在縫甚麼。她說其實自己都不知道,只覺得這樣將不同的布碎連在一起很有趣。

我突然想起自己不久前看過韓國布藝畫家 CHOI SO YOUNG 的畫,便介紹給她,給她一點靈感。她嘗試照著做,

但原來比想像中困難，又放棄了。

到七月中，她又有新想法，希望自己縫製一件衣服，於是要求媽媽買一部衣車。媽媽十分配合，在網上為她訂購了一部二手的入門版衣車給她。

縫啊縫，中間遇上不少障礙，發覺縫上衣太難便改為縫一條褲，布料不夠便由縫長褲改為縫短褲……

到了八月中，她的製成品面世了，雖然尺寸差了一點，但確實是一條由零開始自家製的短褲。她整天穿著這條不合身的短褲走來走去，十分自豪，我也表示佩服。

「其實要縫一條褲真的不容易呢！所以我覺得自己算做得不錯了。」她又扯一扯褲頭，再自信地總結。

只看重結果的人可能會問：「縫了一條不稱身的褲又如何？」

除了世上多了一條褲之外，其實沒有如何。但當你看過孩子為自己努力的成果而自豪的樣子，你便會了解，一件製成品的好壞根本不是創作的重點。

許多時候，「結果」只是一件副產品；學習能給予我們的快樂，並不單單來自完成任務的瞬間。

真正的天才百年不遇，普通人即使盡心盡力十分耕耘，都未必能攀上世界巔峰。

那又何妨？因為肯耕耘、肯嘗試，人才能認清自己的長短喜惡，這些小發現是學習裡其中一樣最值得被看重的一環。

再說，世界秩序每天在變，精英制正徘徊在崩潰的邊緣，從前的「最好」、「最高」、「最厲害」在今時今日地位岌岌可危，誰還會覺得自己真正了解何謂「世界之最」？

與其向著一個模糊易碎的目標奮鬥，不如踏實一點，就先做「自己之最」吧！

6.14 | 烏克麗麗小結他

五歲的孩子得到了一個烏克麗麗小結他，上課的時候急不及待給我看看，還嚷著要教我。由於烏克麗麗結他的指法跟一般結他不同，我也沒學過，便坐下來虛心聽這位小老師的教導。

「你將這隻手指放在這一格就 C 和弦。」孩子熱心地指導著。

「這樣嗎？」我照他吩咐彈了一下。

「對，做得好。C 和弦很容易，接下來我會教你 G 和弦，很難的，因為需要三隻手指同時按下。」小老師認真的說。

「好，請告訴我。」我也不敢怠慢。

「你⋯⋯這樣⋯⋯這隻手指按這一格⋯⋯這隻按這格⋯⋯」小老師十分熱心，捉著我的無名指，希望幫我一把，不過這樣一來，令我緊張起來，肌肉繃緊，指頭反而動不了。小老師見狀，皺了皺眉說：「你的手指似乎比較重。」

「不好意思，G 和弦確實有點難。」我面露難色地看著他。

「不要緊。」孩子拍拍我的肩膊安慰了我一下，再問我：「你是否覺得自己有點蠢？」

這條直接的問題令我啼笑皆非，只好附和說：「是的，感覺好難，可能做不到。」

「不要緊，只要你繼續嘗試就會做得到。我告訴你，我開始彈的時候也有同樣的感覺，覺得自己有點蠢，做不到，但經過幾天練習後，終於做到了！」孩子用一副過來人的口吻勉勵我。

「原來如此⋯⋯但如果不斷嘗試也不成功怎辦？」我請教。

「不會的，你不斷不斷不斷不斷⋯⋯嘗試，直到老，就會做得到。」他堅定地回答。

受教了。

面對困難，自我感覺又豈止「有點蠢」？但就如這位小老師的教導，不要緊的。哪怕要嘗試到老才達成如彈 G 和弦等小事，哪怕一生就只做一件事？正因為肯練肯試，相信自己可以，到頭來才不至於一事無成。

Chapter 07

「唏，你還好嗎？」

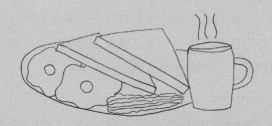

7.1 | 拆彈

一踏出電梯就聽到屋內傳來一陣尖叫聲,知道六歲的學生又在鬧情緒了。聽到溫柔的媽媽不斷開解卻不得要領,再傳來幾陣尖叫。我嘆了一口氣,開始盤算待會應該如何在戰場中上課。

三分鐘後,屋內稍稍恢復平靜,媽媽開門對我苦笑說:「交給你了。」

「你好啊!今天心情似乎不太好吧?那我們開始上課,哼歌時心情可能會變好。」我開朗地說,希望鼓勵那正將兩條眉毛黏成一條的孩子。

「不會變好的!所有事情都是最差!我要將所有東西丟掉～因為全部都沒用!將椅子丟掉!將桌子丟掉!要將全世界丟掉!」情緒不穩的孩子都會語無倫次,但我很慶幸他起碼沒有尖叫。

「啊,原來如此,要將所有東西丟掉,是否先要買一個很大的垃圾桶呢?」有時跟孩子溝通,要在語無倫次與歪理內找邏輯,先跟他們的思維接軌。

「我會將那個垃圾桶也丟掉！要將音樂也丟掉！全部都是沒用的東西！」雖然充滿憤怒和鄙視，但我倆的眼神總算連接上了。

「哦⋯⋯真可惜，我們不能將音樂丟掉呢，因為聽過的歌都裝在你的腦袋裡面。記得那首牧童與綿羊的歌嗎？你可能不記得了，讓我找找看，唱給你聽。」

孩子繼續賭氣，故意扭過頭，但我深知那雙耳朵不能關上，於是我自顧找出樂譜，開始唱出幾個月前教過他的那首 *The Little Boy and the Sheep*：

> *Lazy sheep, pray tell me why*
> *In the pleasant fields you lie,*
> *Eating grass, and daisies white,*
> *From the morning till the night?*
> *Everything can something do,*
> *But what kind of use are you?*
> *Nay my little master nay*
> *do not serve me so I pray*
> *Don't you see the wool that grows*
> *On my back to make your clothes*
> *Cold, ah, very cold you'd be*
> *If you had not wool from me.*

「其實世界上所有東西都有用處。牧童覺得綿羊整天只顧吃和睡，是隻沒用的動物，但他忘記了綿羊身上的毛可供人類造衣服，讓我們在冬天的時候能夠保持溫暖呢。」我再跟他說一次有關歌曲的故事。

「可能綿羊其實都希望將毛丟掉，因為太熱太重了。」終於不再語無倫次了。

「也有可能，但希望丟掉的東西，未必等於沒用的東西。」

然後孩子靜下來，站在鋼琴旁邊，似乎準備好上課了。

要栽種很多歌、很多詩歌、很多故事在孩子心裡，為的不是要比高低或增進知識，而是備用。在不同時刻如數家珍般重新分享，就能讓孩子深刻地上一課。

7.2 | 浮板

有些家長很貼心，如果上課前孩子在發脾氣，都會先通傳一聲，讓我有個心理準備。

一天收到六歲學生媽媽的短訊：

「Ms Yu，昨晚他睡得不好，所以今天在耍脾氣。不好意思，辛苦你了。」

嘆一口氣，只好準備心情硬著頭皮上課。

一如所料，走進屋內，第一眼就見到孩子繞著雙手坐在鋼琴前。

「Hello！我們開始上課喇！」我先裝作若無其事。

「哼！」孩子將臉蛋扭開。

「今天心情不好嗎？」我嘗試開導一下。

「我最不喜歡唱歌！」

「哦……不喜歡唱也可以唱，聲音小一點也沒關係，來試一

下。」

我一邊彈鋼琴，他卻只做口形扮唱歌，分明啟動了作對模式。

「嘩，聲音真的很小呢。小得我完全聽不到，歌詞有唱對嗎？」

「全對。我很累，想坐在地上唱。」

「哦……試站多一會吧，我都説過站著比較好。」

「可是這塊地板實在太硬了，弄得我的腳板很痛。啊……哎……呀……不能站著……哎呀……好痛啊！」

他有他的堅持，我也有我的，不能就範。

「我有時也會不喜歡地板太硬呢，但也得忍受一下。可以專心想想唱歌的聲音，忘記腳板一會嗎？」

「真的不行呀……哎……好痛……」他面容扭曲地説。

「對不起，我也沒辦法。你不是説你很強壯嗎？我相信你忍受得到的。」我堅定地説。

「啊！你等等，我拿點東西。」他看似靈機一觸，隨即飛奔到房間，雙腿沒事就好了。

回來的時候，手裡面多了一塊學游泳用的浮板。

「地板真的太硬了，我就站在浮板上唱吧，也算站著。」

孩子的固執告訴我們：此路不通便另闢新路，總會找到辦法的。

7.3 | 猴子鯊魚魔術師

幾個月前在視像課認識了一班三、四歲的孩子，其中一位比較內斂，頭兩課他一直木無表情地坐在熒幕前，完全沒有參與。

第三課，他準備了一隻魔術師布偶坐在自己旁邊。我嘗試問他有關布偶的事，他沒有理睬。

第四課，除了魔術師，還有獅子布偶一起上課。我又問了些問題，這次他將魔術師放在鏡頭前點了點頭，自己卻繼續靜靜坐著。

第五課，除了魔術師和獅子，八爪魚也加入了。這次，他抱著三隻布偶站起來，隨著音樂納悶地走了一個圈，又再坐下來。

第六課，他還帶來猴子與鯊魚布偶。他用五隻布偶築起一道城牆，自己則坐在後面，默默看著其他孩子玩耍。

我相信他正在為一些自己也不明白的事努力，所以沒有催促，因為成長是一天一步的事情。

到了第七課，當我們正在扮演喝茶時，這孩子突然走到鏡頭前說了句：「不如將茶杯放在頭頂好不好？」

此話引得其他孩子哈哈大笑，相繼作勢將熱茶倒在頭上，大喊「哎呀～好熱！好熱！」

我也笑得開懷，見證這位孩子終於衝出布偶城堡，是當老師其中一件最快樂的事情。

人大了，老是在趕在忙，忘記了一天一步的定律，所以即使明知在不斷前進，心裡依然會冒起一種患得患失的不安。

其實路很長，失落時不必勉強、也不必催促自己，只要抓緊身邊的猴子鯊魚魔術師，緩緩地，總會找到一扇窗。

7.4 | 機械臂

一位向來好動的男生比平時更不專心，我有我說話，他卻心不在焉，手指在鋼琴鍵上亂彈。

「老師正在說話，可以留心嗎？」

「噢，對不起。」

才停頓三秒，他又開始亂彈。

「是否控制不到？」我板起臉問。

「不是，對不起。」

兩秒後，他開始將鋼琴旁邊盆栽上的葉一塊一塊拔下來。

「放，低，雙，手。」這次我的聲線更不悅。

「對不起 Ms Yu。」

道歉的聲線依然誠懇，但才靜止五秒，他竟斗膽轉身跟電視櫃上的機械人握手。

原本想破口大罵，卻忽然明白了些甚麼，於是放輕聲線問他：

「今天是否有點緊張，手裡想拿著一點東西？老師緊張的時候，如果手裡面握著一件小東西，也會覺得舒服點。」

「吓？像《史諾比》入面那個 Linus，去哪裡都要拿著那張小毛毯一樣嗎？」他見我沒有發怒，顯得有點詫異。

「沒錯，聽起來有點奇怪，但挺奏效的。要不要試試？機械人的手臂可以拆出來嗎？」

「當然可以！那是機械人啊！」

「那請你將他的手臂拆下來，拿著上課。」

神奇地，當他的手握著那隻機械臂，四肢就安定下來。

從來都明白，孩子好動有時是身不由己的，所以這一招在課室常用，雖然並非萬試萬靈但頗為奏效。

過來人都知道，當我們被一些未明的情緒突襲，心裡會冒起一種難解的不安，解藥通常就是一點可以在當下依靠的東西，穩定心情。

情緒很複雜，生活在每秒都可以逼得人發瘋的時代，抓緊人

心比任何事情都來得重要。雖說心情起落是平常事,但能夠在心寬時體貼他人所想,又懂得在心累時主動找個依靠,是知易行難的人生課。

你在我在,能適時互相補足,心才不至崩潰。

7.5 | 飛天擦膠

排隊的時候，見到一位男孩拿著擦膠自娛地從左手拋到右手、右手又拋回左手，正想提點之際，他一個興起用力往上一拋，擦膠即將墜落在另一位同學的頭上。千鈞一髮之際，我踏前一步，一手將擦膠拍開，才不至於有人遭殃。

全班同學看見我突如其來的舉動都安靜下來，望望我，又望望將擦膠拋起的同學。好像知道有人要被責罵了。

「是你將擦膠向天拋嗎？」我板起臉問。

「是……」拋擦膠的孩子顯得很慌張。

「排隊的時候有需要這麼興奮嗎？」

「不需要……」

「你知道嗎，剛才擦膠差一點就落在同學的頭上，你差一點就弄痛別人了。下次排隊時可以控制一下嗎？」

「可以。」

孩子們見我收起了笑容，都顯得有點害怕，有點不知所措。

「孩子啊，你們覺得我在發怒嗎？」聽我這樣一問，孩子都點點頭。

「不是呢，我並沒有覺得憤怒。老師板著臉，是因為我感到擔心與失望。擔心，因為怕有人受傷；失望，因為有人不能控制自己。這是我的感受，距離憤怒的感覺，還差很遠呢。」我如實跟他們解釋。

得悉我原來並非在發怒，各人鬆一口氣。拋起擦膠的同學開始拭眼淚，其他孩子紛紛遞上紙巾，是很有愛的畫面。

「孩子啊，我們的心很厲害，能夠感應到很多不同的感受。當別人板起臉，當然可能是因為憤怒，但也可能是失望、疲倦、擔憂等。當你們看見老師或爸媽收起微笑，先不要覺得害怕，可以先想想，到底別人為甚麼板起臉。」

雖然沒有發問，但不知怎地有許多孩子將手舉起。

「可能他們不開心？」有孩子這樣說。

「對，不開心是一種感覺。」

「可能他們肚子餓？」饞嘴是孩子的天性吧。

「肚子餓當然也可以是原因呢！」我笑著說。

「可能他只忘記了微笑。」一位孩子說。

「或者他天生就是這種樣子。」旁邊的孩子附和著。

「你們都說得好。你們看，當你們不害怕、不慌張的時候，便能替別人想呢！老師替你們高興！」

能夠辨別情緒、體諒別人，其實是善待自己。

7.6 | 玩具消防車

侄兒三歲了，是家人心頭的一塊肉。每周靠視像見面一、兩次，內容不外乎唱唱歌、說說故事與閒話家常。

幾天前，加上他的爺爺嫲嫲，即我爸媽，開了共三個視窗見面，如常聲疊聲、吱吱喳喳地談上個多小時。

話題突然轉到侄兒近來的皮膚狀況，因為有點感染，大家有點擔心；視窗內的大人都一改平時輕鬆笑臉，緊張地皺著眉談論著，連聲調都改變了。

侄兒早已學會別人說話不能插嘴，於是便安靜地待著。大家愈說愈緊張，姪兒卻突然走開，拿來他最心愛的停車場與消防車模型放在鏡頭前，大聲插嘴說：「大家！大家！你們看！看這架消防車，有雲梯，可以伸長，我弄給你們看好不好？」

大家隨即靜下來，看他落力將玩具消防車上的雲梯伸高，然後刻意卡在停車場的一樓，姪兒笑說：「噢！卡住了！消防車不能動！是不是很搞笑？哈哈！」

沒有誰怪責這窩心的插嘴，因為消防車的確發揮了撲火的作用，令大家發覺自己有點過度緊張，於是立即重拾笑臉連忙

回應。

然後侄兒滿意地笑了，又再安靜下來。

孩子就是如此心思細密，不忍看見身邊的人擔憂和心疼的模樣。即使未必明白大人為何憂、為何慮，也會施展渾身解數，使人再次微笑。

年紀與能力從來都不是藉口，能憂人所憂、樂人所樂，誰都可以令身邊的人重拾一點幸福的感覺。

7.7 | 黑麥麵包

過年前到花墟附近工作,走在滿街蘭花與桔之間,看見一間
小小的咖啡店時,才記起自己很餓,便走進去。

一頭金髮與前臂布滿紋身的年輕店員為我介紹餐牌上沒有的
「迷你早餐」,原本餓得可以吃一條村,但見「迷你早餐」
有蛋有肉有菜有麵包,還包一杯咖啡,便應店員介紹叫了一
份。

碟上的麵包是向來不太喜歡的黑麥麵包,草草塗點牛油便送
到嘴裡。有點驚喜,麵包比一般的黑麥麵包鬆軟好吃。

結帳時,店員好像跟我心有靈犀似的,主動提起那片黑麥麵
包。

「那片黑麥麵包還可以嗎?是我們店自家製的。」

「噢!原來如此!很好吃!比一般的黑麥麵包鬆軟呢!」

「對啊!因為我們的店比較多長者顧客,所以我搓麵粉的時
候特意拉多幾下,令麵包鬆軟一點,讓公公婆婆吃得容易一
點。」

不懂得整麵包，但「拉多幾下」應該是麵包師的舉手之勞，小事而已。不過真正能令食客愛上的，就是這份細心吧？

世間的大事從來輪不到我們這些小角色操心，可以做到的，就是在自己擅長的小事之上「拉多幾下」，使人記起世界很闊，人間依然有愛。

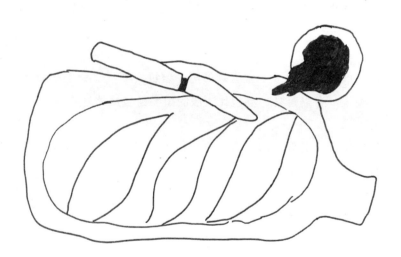

7.8 │ 戲院里的破鞋

疫情下，美容院每次重開，都會有朋友在群組表示預約十分緊張，畢竟上美容院是很多女士的日常。美容業跟港女關係唇齒相依。

政府放寬措施後的一天，約了一位幸運預約到修甲、瘦身、脫毛等維修項目的小姐吃午飯。上甜品的時候，她著我陪她到戲院里補鞋。

有點詫異，因為從來只聽過這位漂亮的港女投訴家裡的鞋太多，需要斷捨離，還是頭一次聽她說要將穿舊了的鞋拿去補。

飯後我們走到戲院里，其中一攤檔有位婆婆正在低頭補鞋。朋友從紙袋裡拿出一雙棕色名牌涼鞋。

「婆婆，這隻鞋後跟那片鞋墊有點脫落，想修補一下。」朋友微微俯身跟婆婆說。

「啊……這個……將整片撕下來重新貼上便行。」婆婆檢視完右邊鞋，再仔細看著左邊鞋，然後繼續說：「四十五元。另一隻鞋沒問題，不用修理。」

「呃……我怕這邊鞋遲早也會脫落，不如一併修補吧，補一雙要多少錢？」朋友問。

「兩隻一併弄嗎？也可以……八十五元吧。」修補一雙還有折扣。

朋友遞上一張一百元紙幣，婆婆正想找錢之際，朋友說：

「不用找了，麻煩你也替我將涼鞋抹乾淨，謝謝。」

望著這位指頭上水晶甲掉了一半的港女朋友迅速地將錢包收回，心裡有點感動，這份利人利己的低調慷慨，應該就是種港女的威力吧？

7.9 | 讓座不讓座

在芬蘭進修期間，我下榻於赫爾辛基市中心以北的學生宿舍。每天早上乘坐 71 號巴士，花大概四十分鐘到赫爾辛基大學上課。巴士跟歐洲其他城市的沒有兩樣，特別的是共有前、中、後三道門供乘客使用，買了月票的人士可以自由上落巴士。

每天，在途經某住宅區的車站，都有一位老婆婆上車。

這位老婆婆行動相當不便，需要雙手拿著四腳步行輔助器走動。當我第一次在打開車門見到她時，立即上前打算扶她一把。誰知當她見到我走近，隨即皺起眉頭，揮了下手示意我走開。我只好尷尬地返回原座。雖然婆婆離車門只有兩呎，但舉步艱難的她共走了六、七小步，然後吸了一大口氣，用盡全身力氣才可將身體撐上車廂，再一步一步走到就近位置坐下。

跟同學談起這件事，有當地居住的同學說芬蘭的冬天甚嚴寒，若不趁夏天走出來活動身體、保持靈活，一到冬天可能更難捱，所以這裡的老人家都不太喜歡別人幫忙，為了鍛煉身體寧願靠自己。

恍然大悟，剛才在車廂裡，我還對沒有人上前伸出援手感到奇怪，原來讓婆婆獨自行動其實是種尊重的表現。

我每天看著婆婆定時上車下車，便反思一次何謂敬老、何謂行善；原來行善的定義會隨著環境、文化與各種行為因素而異。如何恰當地行善，並不能單靠一顆善心或同理心，擁有common sense 也極為重要。

教科書告訴我們需要「讓座給有需要人仕」，但並沒有說如果眼前的「老人家」穿著一身運動服捧著單車，到底還讓不讓。又或者眼前一位女士，看來像孕婦，但亦有可能只是有點胖，讓還是不讓？學校教育並沒有告訴大家如何分辨肥胖與懷孕啊！

知識當然能帶我們在各個領域走得很遠，常識卻是真正能協助我們在生活裡將知識應用的解難工具。

如果真的有 common sense 這個科目，它的教材就印在日常生活裡。看書百樣好，但也請鼓勵孩子抬頭看看這世界。與其不斷問他們「那輛車是甚麼顏色？」或「How do you spell "escalator"?」等只有固定答案的問題，不如嘗試跟孩子談感受，引導他們思考他人所想，讓他們慢慢累積對人和事物的各種觸覺。很多大人不喜歡這種感覺虛無飄渺的互動，因為看不到即時的果。可是長遠而言，擁有 common sense 可以是他們長大後成功的因。

讓座不讓座小事而已,但是生活的日常以至人生的無常,不就是由千千萬萬種小事情堆砌出來的嗎?

附錄

世界上最重要的是

「世上最重要的是甚麼？最不重要的又是甚麼？」

孩子發問完畢，到老師問了。

這次找來十五位不同年紀的學生，訪問了他們對「重要與不重要」的見解。演繹各有特色，有清晰的、有模糊的、有幽默的、有深情的，每篇都令人會心一笑。感謝他們用心分享，為這本小書多添一抹色彩。

世界上最重要的是媽媽。
如果沒有媽媽，我現在可能還在
另一個女人的肚子裡。

最不重要的是膠袋，因為我們可
以用書包或布袋裝東西。

Anonymous，6 歲

書是世上最重要的東西。如果沒有書，我們會很蠢。

世上最沒用的東西是嬰兒玩具與嬰兒圖書，
嬰兒玩具一秒便玩完、嬰兒圖書一頁只得一個字，
實在太簡單了，所以我不介意將它們全部丟掉。

Jerald Kwok，6 歲

最重要的東西是學校通告。因為如果沒有通告，
媽媽就不知道學校發生甚麼事。
冷氣機也十分重要，因為如果沒有冷氣機，夏天就會焗死。

最不重要的是膠櫈，因為我們可以坐梳化。

Eugene Tang，6 歲

最重要是自己。
因為如果沒有自己，姐姐就沒人陪她玩，
她會很寂寞。

最不重要是遊戲機，因為玩遊戲機會令人
忘記做功課。

Ren Pong，6歲

最重要的是喜歡自己與理解自己的人，
如果沒有他們，我就會很寂寞。

最不重要的是蠟燭，沒有蠟燭都有燈。

Tate Pong，10歲

世上最重要的是家人，因為他們會時刻陪伴我。
最不重要的是電子產品，因為會妨礙人們工作。

Natalie Wong，10歲

最重要的東西：家人
最不重要的東西：番茄

家人不用解釋。而且，我認為電話也重要，因為如果你發生甚麼不幸事情，你可以報警求救，如果電話沒電，可以找其他人的電話報警。可是，因為媽媽把我生出來，所以她十分重要。

為甚麼是番茄？因為番茄十分難吃，媽媽經常逼我吃番茄，真慘哦。我最討厭番茄，番茄裡有不知甚麼種子，質感十分奇怪。

Josephine Tang，10 歲

我覺得最重要的東西是家人。如果我生命中沒有家人在我身邊，我不會有一種繼續努力、堅持不懈的精神。他們的愛和關懷給我強大的後盾。還有如果沒有家人，例如爸爸媽媽，我就不會存在於這個世界。

我覺得最不重要的東西是金錢。金錢不可以買到開心。開心比金錢更重要。假如你努力學習，學校嘉許你獎狀時，沒有家人在場跟你一起感受那份喜悦，一定會十分失望。金錢只可以買你日常生活的用品，不可以買世界上最重要的東西——快樂。

Vanessa Hosie，10 歲

我認為最重要的是我的家人和朋友。如果沒有父母，我們根本就不會在這世上。如果沒有朋友，生活就會少很多趣事。雖然家人和朋友對我來說都很寶貴，但是我相信大部分人都認為家人是更加重要的。父母給予我們幸福，兄弟姊妹做我們的同伴，如在悶的時候，我的妹妹會跟我談天。父母也會時時刻刻保護我們，所以家人是最重要的。朋友們也會跟我玩耍、聊天、度過許多快樂的時光，所以我的朋友也要好好珍惜呢！

我認為最不重要的是文言文，因為那是古代時用的語言，而不是我們現代人需要翻譯的。即使我們知道古代的人犯了甚麼錯或是做了甚麼好事，我覺得是幫不到我們現代人。文言文不但令人煩厭，而且非常難去理解。因此我認為我們只需閱讀白話文就好了。

Samantha Tang，12 歲

我覺得家人是最重要的，因為在任何情況下，如果有家人陪伴我，事情自然會變得有解決方法。家人會在你每一段人生過程裡做你第一支持者。你在笑時，他們會跟著你笑；你難過時，他們也會跟著你哭和安慰你。

我覺得浸浴最不重要，因為要浸一個熱騰騰的泡泡浴需要大量水去填滿，十分不環保。還有，浸浴浪費很多時間，我還是喜歡用多餘的時間來找其他娛樂呢！

Sophie Hosie，12 歲

在我心裡，世界上最重要的是家庭，因為如果沒有父母我們就不會生活在這世界上。兄弟姐妹帶領我們，而且我們能陪伴他們一起長大。我的姊姊和哥哥從小到現在還是陪我做我想要做的事情，讓我過一個開心的生活。

我認為不重要的是塑膠，因為塑膠讓世界很多動物失去生命，而塑膠讓世界慢慢毀滅。

Hannah Yuen，12 歲

最重要：做你自己。

Our lives are often affected by society's expectations, and we always live in the way people want us to. It is more important for you to stay true to yourself and be who you are. If you don't stay true to yourself, you will just be the clone of someone else, and you will never find happiness and the meaning of life.

最不重要：我們對任何事的偏見。

If we could get rid of one thing, I wish that it would be our bias. This is not because bias is insignificant, but because it happens so often in our lives - it affects how we make everyday decisions and changes the way we interact with each other. If everyone could put down their bias, I believe the world would be less prejudiced, becoming a more peaceful, harmonious society.

Jasper Yu，18 歲

Most important thing:

Passion -
Without passion, you are just a robot trying to get things done in a routinely manner.

Birthday celebrations -
Growing up isn't easy, so make sure you make the most out of the day that belongs to you.

Having a delicious meal with the people you like -
Situated in a world pandemic, we are no longer able to enjoy the privilege of dining out with our friends or families.

Music -
Whether you're creating music or simply listening to songs on Spotify, music heals us in a way that is simply inexplainable.

Humor -
The moment that you are able to enjoy the hardships instead of complaining on unfortunate incidents, you are then able to say that you've grown up and matured. Plus, serotonin is the cheapest mood-booster ever!

Least important things:

Screenshots on what someone said -
Life is too short to care about unnecessary gossips in Hollywood or about your friends. If you are gossiping about your so-called "friends", then you don't deserve to be their friend.

Fast fashion -
Life is too short to buy clothes that we are only gonna wear once, so might as well save up and invest on high quality clothing items that will be timeless.

Bottled water -
Why bother buying bottled water when you can use your own water bottle?

Worrying -
I used to be scared of doing things alone, whether it is dining out or going shopping as I was worried that people would judge me for being introverted and friendless. But in fact, these thoughts are all in my imaginations only.

Natalie Kan，18 歲

《一碗老火湯》

Jessica Kwan，19 歲

去年九月，我離開了香港，告別了家人，登上了飛往都柏林的飛機，展開了獨自留學的生活。

這是我第一次獨自出國，我意識到要學習獨立，從前與家人一起面對的障礙，現在都得自己面對。從獨自在陌生的街道尋找巴士站，到適應與當地人的文化差異，我每一天都面臨著不同的挑戰。這些考驗，讓我在都柏林度過的日子變得充實。雖然我慢慢習慣了那裡的生活，心裡卻對香港有一絲的掛念。

為了克服思鄉的情緒，我一日三餐都會煮自己在香港常吃的飯餸。白灼菜心、番茄炒蛋、滷水雞翼等等的家常小菜，我通通都煮過。我每一餐幾乎都和自己在香港家裡吃的一模一樣，唯獨欠了一碗老火湯。老火湯用的材料又多、煲的時間又長、煮出來的分量又多，我一個人根本喝不完。

在都柏林度過三個月後，我在聖誕假期期間回港與家人一起過聖誕節。在回港前，我寫下自己在香港想去的地方、想做的事情、想吃的東西。在愛爾蘭沒能去的，沒能吃的，沒能做的，我通通都要在香港做。我又想登上獅子山，我又想到

下白泥看日落，我又想吃魚肉燒賣、西多士……

在我回到家的那一天，爸媽為了迎接我回來，特意煮了我最喜愛的餸菜和我最愛的青紅蘿蔔粟米湯。這是相隔三個月齊人的一餐飯，我們坐在飯桌前，媽媽用湯勺子把熱呼呼的老火湯從煲裡舀出來。愛吃甜的妹妹那一碗要多加粟米，媽媽那碗特別多南杏，爸爸的那一碗湯要多一些豬骨，他最愛「囷」骨了，而我那一碗就特別多紅蘿蔔，「家姐你讀書辛苦了，來，多吃紅蘿蔔，補補眼睛」。我們一家四口，每人一碗，分量剛好。

沒想到，原來自己最想念的，不是香港的景色，不是香港的街頭小吃，而是這碗暖到心頭的老火湯。

《牆上的裂縫》

Audrey Ching，19歲

在疫情肆虐的地方，作為一個學生，每一天最常做的事情就是躲在自己的房間中上 zoom。但是，如果房間的牆上出現了一條頗大的裂縫，究竟該怎麼辦？

這是我現在面對的問題。摸摸牆上不規則的裂痕，發現它一直由近地面的牆身蔓延向上。隔日再摸摸這個裂痕，發現不但空隙愈來愈寬，牆壁還凸了起來。

接下來的幾天，每當我看到這道裂縫，都會墮入一個忐忑的漩渦中。一方面想，我應該請人來修理；另一方面想，疫情期間會有感染風險。但是不修，會有危險嗎？這道牆塌了怎麼辦呢？

其實，當我們退後一步，觀望這件事，會發現很多擔心都是多餘的。很多時候，我們都會因為過分憂心，令這些不安的想法無聲無息地侵蝕了我們的腦海，卻因而停滯不前，忘記最重要的是甚麼。

在一個寂靜的下午，陽光普照，牆上的裂縫依然存在。不同的是，這些裂縫已經被顏料，畫成一枝又一枝的桃花樹，這

幅牆更點綴了本來單調的房間。有些時候,我們會為未來的事情擔憂,但是在問題來臨的時候,希望往往在偷偷綻放。

「擦亮眼睛、細心聆聽，答案近在咫尺。」

後記

兒時的家裡，有一個裝滿各式各樣藏書的巨型書架，全都是「悶書」，即是佈滿文字、一幅圖畫也沒有的大人書，所以我連翻一下的興趣也沒有。

除了一本，直到今天還住在我的心裏。

書名忘記了，卻記得它殘缺不全的程度：單調的封面泛黃兼有霉點、書脊裂開了幾截、書角則被翻至微微捲起。

裡面裝著很多小故事，爸爸將每個故事都給我讀過許多遍。現在回想，其實那是本讓大人看的心靈勵志類讀物，雖然沒有童話故事裡的王子公主和寶物魔法，我卻百聽不厭。

聽爸爸說書聽到入神時，好像曾跟自己說過：「啊，長大後我識多點字，也可以寫這種故事書呢！讓大人讀完後，就唸給小朋友聽。」

《小孩事不小》就是一本令那個塵封了的小小願望成真的書；既為心中還住著小孩的大人而寫，亦寫給終有一天要成為大人的孩子們。

無論哪個年紀，我們都渴望有人跟自己親口說故事。聽故事的人，除了留意故事內容，也會將說書人眉梢之間的神情和語氣不知不覺記下來，這互動隱藏著一種不能言喻的承傳。

感激一直以來每位為我說故事的人，使我從聽書的人，變成一個讀書的人和說書的人，再有幸成為寫書的人。

寫字的時候，腦海裡總會響起不同的歌，表達著文字不能完整記載的心思意念，一直都有點在意這個創作上的小缺陷，於是想到為文字配上歌聲。

邀請了不同年紀的學生參與，我給他們說故事，他們則為故事唱歌，應該是一件美事。

歌聲會記錄到以下 YoutTube 頻道。

處身充滿困惑的世界裏，幸好還有文字、還有歌、還有愛。

小孩事不小

作　　者　Ms Yu
責任編輯　何欣容
書籍設計　Kaman Cheng
內文插畫　鄧溢心（12）龐嵐（10）鄭心翹（8）
　　　　　龐柔（6）余力行（4）

在世界中哼唱，留下文字迴響。

出　　版　蜂鳥出版有限公司
電　　郵　hello@hummingpublishing.com
網　　址　www.hummingpublishing.com
臉　　書　www.facebook.com/humming.publishing/

發　　行　泛華發行代理有限公司
印　　刷　同興印製有限公司
初版一刷　2021 年 7 月
定　　價　港幣 HK$118　新台幣 NT$590
國際書號　978-988-75052-8-0